孕美的心路

冼　贤／主编

我和我工作室的研学印记

中国出版集团　　现代出版社

图书在版编目（CIP）数据

朴素的心路：我和我工作室的研学印记 / 冼贤主编
. —北京：现代出版社，2023.7
ISBN 978-7-5231-0392-0

Ⅰ.①朴… Ⅱ.①冼… Ⅲ.①教学研究 Ⅳ.
①G420

中国国家版本馆CIP数据核字（2023）第118183号

朴素的心路——我和我工作室的研学印记

作　者	冼　贤
责任编辑	吴永静
出版发行	现代出版社
地　址	北京市安定门外安华里504号
邮政编码	100011
电　话	010-64267325　64245264
网　址	www.1980xd.com
印　制	北京政采印刷服务有限公司
开　本	710mm×1000mm　1/16
印　张	12.25
字　数	200千字
版　次	2023年7月第1版　2023年7月第1次印刷
书　号	ISBN 978-7-5231-0392-0
定　价	58.00元

目录

第一章 扬帆起航

第二章 争当"明"师

第三章　教育初心

第四章　心中的名师

第一章

扬帆起航

名师工作室的使命与荣光

冼 贤

教学需要创新，创新能给课堂注入活力，创造奇迹。作为一名优秀教师，不能故步自封，一成不变，要让自己的教学方法常变常新。我从一个刚出道的年轻教师，到广东省名教师培养对象，每当自己出现职业倦怠的时候，我都会选择通过自我调节来增强自己的教师社会责任感，把教学工作变成自己的事业来追求，把教育变为自己的信仰，坚守自己的教育情怀，主动进行自主规划和自主发展，树立终身学习的目标，在教育教学工作中不断探索和尝试创新教学法，从而充分调动学生学习积极性，取得最佳的教学效果，把自己磨炼成为一名优秀的名教师，更好地服务山区的教育事业。因此我能从一个山区县的年轻高中教师，朝着自己的目标，以优异的教学成绩和科研成果，较快地评上高级职称，然后继续前行。在2015年我被遴选为广东省新一轮中小学"百千万人才培养工程"第二批高中名教师培养对象，同时又聘用为肇庆市艺术学科委成员（协助市艺术教研员开展全市美术高考备考工作）和肇庆学院美术学院外聘教师；在2018年9月我被评为广东省第十批特级教师、肇庆市人民教育家培养对象，同年12月评上高中美术正高级教师；在2021年我又评上广东省新一轮中小学名教师工作室主持人。这使我实现了从普通教师成为特级教师、从高级教师到正高级教师的跨越式发展，现在的我正逐渐从名教师向教育家型名教师转变。我想这些成绩的取得应该是对我不忘初心、砥砺前行，为山区教育事业付出的最好回报！

工作室坚持立足于学校、服务于全市、辐射影响全省。通过为期三年的培养计划的实施与我的示范引领使本工作室真正成为教师专业发展的平台，成为本学科在全市及更广泛领域具有较高影响力的阵地，具有明显的教育效果和社会效益。本工作室的研修开展坚持"立德树人"的教育方针，遵循名师成长规律，坚持理论与实践、自主与交流、学习与应用、反思与提升等相结合的原则。在研修的过程和美术教育教学实践中倡导践行"有教无类"的教育理念、"融美于善"的教学风格、"让学生在学习中成长"的教学思想和"由美入善，成就全人"的教育思想，并把灵活的教学技巧、创新的教学方法，渗透和辐射到工作室的教学中去，让工作室真正起到培养骨干教师和名教师基地的作用，成为人才成长的阵地；使工作室全体成员在职业道德、专业知识、学术水平、教学能力和科研能力等方面的综合素质都有显著提高，成为具有终身学习和创新教学能力的美术骨干教师。

在第一次集中研修活动中，我有计划地安排了粟顺阳专家的专题讲座《独行速 众行远——山区名师工作室的使命与光荣》，讲座共分为三个方面进行阐述：①行者必至，恒者必达——明确方向，扎根课堂教学；②幸福自己，成就他人——工作室研究是基于教师教学实践活动，提升教师职业幸福感的行动研究；③责任在肩，使命必达——基础教育是一场马拉松，要一步一步踏踏实实地走，才能到达目的地。聆听这一讲座让我们明白了扎根山区的省名师工作室的职责与使命；周念丽教授的专题讲座《社会生态学视野下的"入学准备"》让我们反思在教育中应该学会换位思考；邓粤军专家的专题讲座《美术课堂视觉思维教学的探索与实践——以美术高考备考为例》开拓了我们的思维，教会我们要用创新的思维方法进行教学，课堂上要多维度地去对学生的作业进行评价，审美不是单一的，评价也不是单一的。我准备了示范课《〈开国大典〉〈新中国诞生〉美术作品鉴赏》，展示了如何把爱国主义教育融入美术课堂教学当中，通过多媒体教学手段，让学生从视觉、听觉上去感受美育课堂；如何在新形势下，通过革命题材美术作品的鉴赏，让学生了解美术作品所表达的内涵和历史意义，感受老一辈革命家艰苦奋斗、不怕牺牲的革命精神，进一步培养学生的爱国主义精神。整个过程紧张有序、干货满满，充分展现了"由美入善，成就全人"的教育思想核心。我们工作室的教育紧紧围绕一条主线，那就是立足于课堂教学，这条主线需要用课堂实践来支撑，我们每个人都要去研究课堂教学，想好的点子、尝试不同的创新教学方法，所有的教科研活动都围绕这根主线，最终的目标就是以美育人、学科育人。

在工作室第一次研修活动中，我以全身心投入工作的情景来体现对教育教学工作的热爱和执着，而正是这份教育情怀在不知不觉中感染了工作室的每一位学员，让他们不断反思，思考如何将他们提出的要求与建议实施到自己的课堂上。大家在一起讨论，碰撞出思维的火花，激发出创新的灵感。这种热烈的研修氛围给予了我们积极向上的力量，充分发挥了集体智慧。在研修过程中，让我们从"老师"重新回到"学生"的角色，体会学习的快乐。名师的力量是强大的，通过短短的几天集中研修，让我们明白了名师带领、引导的重要性，它为我们指明了方向、激发了我们研修的热情，较快地达到了研修的目的，整个研修活动收获满满！作为教师要时时反思自己的教学实践，不断总结经验教训，才能不断提高教育教学水平。只有做学习型的教师，才能不断提升自己、超越自我，使自己的工作更扎实、更有效、更完善。"不积跬步，无以至千里。不积小流，无以成江海。"

不积跬步，无以至千里

丁皎先

　　广东省新一轮（2021—2023）冼贤名师工作室2021年第一次集中研修活动的整个过程虽然时间很短暂，我却学到了很多东西。在这5天里，我参加工作室的研修活动，见了很多名师，接触了很多新观念，学到了很多新方法，开阔了眼界，活跃了思维。古人说："不积跬步，无以至千里。"任何学习靠的都是一点一滴的积累，如此才能真正有所收获。

一、名师引领，聚能蓄力出发

　　2021年11月3日上午，我们工作室所有学员一起见证了冼贤名师工作室揭牌启动仪式这一激动人心的时刻。这次活动会聚了来自广东省肇庆市各个地方的老师和学员。冼贤老师用自己的亲身经历讲述了他对山区教育的热爱。他的启蒙老师在他的成长经历中给予他很大的影响，在学成之后，他义无反顾地回到生他养他的故乡，成为一名普通的美术老师。当时他有着朴素的愿望——回报家乡：通过悉心教学，帮助自己家乡的学子考上大学，走出小山村，改变命运！经过多年兢兢业业的耕耘，冼老师帮助教导一批又一批的学子考上理想的大学，走上不同的社会岗位，可以说是桃李满天下。而现阶段冼贤老师又有了更高的期望——成为名师、成立名师工作室，提供更好的青年教师成长平台，培养更多的优秀教师以影响更多的学生，使其得到更好的教育。同时他希望用自己凝练出的教学思想塑造教师，坚持"立德树人"的教育方针，在学科教学中渗透培养品德的教学理念，让教师在课堂中成长，为国家培养有审美能力、有创新意识的社会主义接班人，并总结自己多年在一线教学时积累的宝贵经验和教学反思，在教学实践中推广研究课题成果，扩大课题研究的影响力。

我和冼贤老师共事十几年，有幸参与了冼老师的多项课题，共同研究教学，在教学的过程中我深刻地感受到冼老师对教育事业的真心热爱。他专注研究教学，关爱学生，及时回应学生的反馈，想尽办法运用多种方式进行教学实践，以求找到适合自己学生的有效教学方法。冼贤老师是一位热爱教育事业的老师。

二、活动促成长，提升教学力

11月4日上午，我参加了邓粤军老师的主题讲座《美术课堂视觉思维教学的探索与实践——以美术高考备考为例》，邓粤军老师通过一个思维小游戏让我们切身体会到：固化思维对学习的阻碍作用是很大的，一个人的经验对他面临问题的时候选择的解决方法有不可忽视的影响。思维小游戏最后一步是非常简单的，但我们却陷在一步比一步复杂的游戏设定里出不来，我们都犯了经验主义的错误，被固化思维套住出不来。虽然只是一个思维游戏，但对我的触动却很深：当遇到问题的时候，要跳出固化思维去开拓思维，换种思维、换种思路，才能将看似不可能解决的题目解答出来。

随着时代发展，教师职能已不再仅仅是"传道、授业、解惑"，新时期的教师需要具备全面的职业素养：研究素养——要有研究课题能力，对教育有自己的发现和看法，还要对学生有研究，了解当代学生所面临的问题及压力；创新素养——不能再采用传统的照本宣科的教学方法，在新的教育环境下要有所创新，寻找更适合自己学生的教学方式方法；跨学科素养——学科大融合是一种不可避免的趋势，现在的科学文化知识常常是你中有我、我中有你，没有办法分割开来；信息素养——信息化时代，网络上有大量资料可以运用到课堂当中，PPT使课堂变得更丰富、更有趣；专业素养——教师自身的专业能力是使学生钦佩的重要能力之一。

邓粤军老师在评价学生作业环节时提出要用创新方法进行教学，要多维度地去评价学生的作业，审美和评价都不是单一的，尤其是在美术这个领域，因为评价的侧重点不同会使人对同一幅画产生不同的看法。我们工作室的研修活动与当前美术高考研学备考是紧密结合的，利用合作学习提高学生的自主互助学习能力，注重培养学生的美术核心素养，采用学生自评、小组互评等有利于学生发展语言表达能力、沟通能力等多种方式进行评价。我们要在今后的教学中进行美术课堂视觉思维教学的探索与实践，找到有助于培养学生核心素质的教学方式。

三、走进名师课堂，指导促成长

观摩冼贤老师的美术鉴赏示范课《〈开国大典〉〈新中国诞生〉美术作品鉴赏》给我带来不一样的感受，课堂中冼老师通过对两幅作品异同的分析，引导学生从分析美术作品的内容和构图形式出发，比较两幅作品的艺术表现独特手法并感受作品鲜明的艺术风格，从美术语言的审美角度去发掘探究作品所蕴含的精神力量，去理解作者寄寓作品的丰富内涵意蕴；同时冼老师还结合图片以及视频的播放与历史背景，声情并茂地向同学们讲述了中华民族不屈不挠的艰苦奋斗的历史。从视觉上的鉴赏美与历史文化的教育两个方面，启发学生去感悟两幅作品所蕴含的共同主题，培养学生的爱国主义精神。冼贤老师把本节课重点放在爱国主义教育上，从历史层面引导学生从画面中感受新中国成立的步履维艰，在学生心里种下爱国主义的种子。让学生从视觉、听觉上去感受这两幅画所表达的内涵和历史意义。冼老师以此课为例在评课环节教导我们如何提升课堂把控能力，怎样灵活地把教学技巧、创新性教学方法渗透到教学中，形成"融美入善"的教学风格，引导学生思考，探究课堂知识，通过美育课堂使学生得到独特的感受，在学习中成长。

四、深思细悟，点滴积累

在没有集中研修之前，我是非常迷茫的。经过这几天的研修，听了相关的讲座、观摩冼贤老师的课堂之后，我慢慢地开始有所领悟。冼贤老师的教育思想核心是"融美入善，成就全人"。他要求我们一线教师要立足于课堂，在教学实践过程中关注学生的反馈，并根据学生的反馈对教学做出相应的调整，创新性地进行教学设计，重在培养学生的思维能力，将美术核心素养融入课堂里，将美育学科与育人结合在一起。

在学习过程中，我渐渐开始在教学技能提升、教研活动等方面找到思路，开始明白应该从哪里入手。冼老师使我认识到一线教师的重点工作在于课堂教学，课堂实践要紧紧围绕"立足于课堂"这条主线进行，备课时"备学生"也很重要。研究课堂，尝试不同的教学方法，并学会总结、积累教学经验，通过教学案例实施教学研究来实现工作室目标：美术教育，学科育人。

在接下来的工作和学习中，我会尝试将所学到的东西运用在教学实践中，"不积跬步，无以至千里；不积小流，无以成江海"。不论学习还是工作，贵在不断积累。

学众人之所长

张宝山

正所谓事物都有长有短，人也一样。纵观古今中外的伟大人士，大部分都是借众人之长来补自己之短。古人说，金无足赤，人无完人。可见，每个人都有自己的长处与短处，"尺有所短，寸有所长。"三个人同行，其中必定有我的老师。集体的智慧、集体的力量总是远大于个人的，这是显而易见的。一个人能否以人之所长补己之所短，关键在于能否虚心学习。在这次研修活动中，让我感触良多，受益匪浅。

一、凝集力量走得远

一直以来，我都认为工作就是自己的事情，尽力而为，就能做好，但在这次研修活动中，专家讲座和领导的讲话，让我改变了这种想法。他们以自身经历道出了发人深省的道理：不同岗位、不同学科在思考问题时是不同的；团队合作是社会的主流，对于团队精神的理解，就是要有大局意识、协作精神和服务精神；团队精神强调的不仅仅是一般意义上的合作与同心协力，而是团结协作，优势互补，利用共性和本领差异，发挥进取协同的效应。团队做任何事，都需要凝聚力量、凝聚人心、凝聚斗志，这样才能走得更远。作为合格的团队成员，除完成分内的工作外，还要毫无保留地为团队目标出谋划策，勇于担当，积极作为；一个人可以走得很快，但不可能走得很远，只有一群人才能走得更远。不管是作为一位老师还是作为一位学员都要有主人翁的精神，要踏踏实实走好每一步，从点滴做起，从自身做起。要不断地提升自己，要将自己的利益与集体的利益相结合，发扬群策群力、相互帮助的团体精神，就如大雁结队迁移，大家选择拥有相同目标的伙伴相伴而行，可以彼此互帮互助，能更快速、更容易到达目的地。只有齐心协力，步调一致，互帮互助，共同维护团队的利益，发挥团队的合作精神，才能完成每项工作，达到共同目标。

二、课堂应多角度评价

素质教育的实质就是实施主体性教育。教师是主导，学生是主体，学生在学习过程中探索问题，教师只是主体活动的组织者、指导者。在现实的美术教育中，我们还存在许多问题，如美术老师扮演着"先入为主"的角色，让我们的学生难以获得视觉上的主动发展。即使我们想培养学生的"视觉思维"，但由于学生习惯了被动接受，教师把学生的权利剥夺了，从而导致学生在学习过程中渐渐失去了自我体验，也渐渐地让学生失去对美术的兴趣。课堂是学生获取知识的主要途径，也是培养学生创新思维的主要阵地，教师要充分利用课堂激发学生的创新愿望。而这种"先入为主"，灌输着单一性的技法训练，很难真正让学生获得视觉上的主动发展。如"美术教育一旦偏离视觉因素和不重视视觉功能的开发，美术教育就无法从根本上获得积极、健康、有效的发展"。要用创新的思维方法进行教学，课堂上更要多维度地对学生的作业进行评价，审美不是单一的，评价也不是单一的，传统的教学评价过分地夸大了评价的鉴定功能，忽略了评价的激励功能和教学功能，存在着标准单一、内容单一、方法单一等不足，因此，教师应建立一种新的适应新课程改革需要的评价机制，多角度地对学生进行评价。打破传统，改变思维，才能改变我们的教学方法；只有思维的转变与解放，才能在我们的美术高考中发挥巨大作用；只有突破思维定式，我们才能更好地开展教育教学工作。

三、教师要做好爱国主义的宣讲者

面对教育改革的新形式，美术教育教学中融入思政教育元素，既能推动专业教学与学生精神价值观念的深度融合，又能在新时期将中国特色社会主义思想与美术教育有效结合。美术教育融入思政教育并不是在美术课程中一味地灌输思想政治知识。更不是让学生生硬地学习各种思政教育理论观点，而是需要教师立足思政教育，引导学生更好地从思想、思维、观念认知等方面领悟美术鉴赏相关的知识的内在属性。美术教育不仅能陶冶学生的道德情操，培养学生的感知力，帮助学生形成良好的审美观念，还能塑造学生积极向上的内在品格。时代在不断进步，教育在发展变化，育人观念不断更新。在课程改革中更应该关注培养学生的爱国主义情感。课堂是学生接受爱国主义教育的主要阵地，作为教育者，要对学生进行民族优越感、忧患感和使命感等多层次的爱国主义教育；致力于把爱国主义教育融入美术课堂教学中，进一步培养学生的爱国主义精神；致力于提升课堂把控能力，融善入美，把灵活的教学技巧、创新的教学方法，渗透和辐射到教学中形成自己的教学风格，让学生在学习中成长。《〈开国大典〉〈新中国诞生〉美术作品鉴赏》就是这样的一节课。让学生知道新中国来之不易，无数革命先烈抛头颅、洒热血，前仆后继，英勇献身，才取得了胜利。作为一名人民教师，要从本职工作做起，踏踏实实地践行爱国主义精神，把爱国主义精神融入课堂，向学生宣传爱国主义理念，做好新时代爱国主义的宣讲者，这也是作为一个教育者最平凡、最朴素的爱国行动。

四、相互学习取长补短

写生可更好地让美术爱好者置身于大自然的美景中，根据实际的环境创新性地表现自然，从而提高自己的观察力，让作品更贴近自然。最后两天的研修学习，大家来到金林村。这是工作室第一次外出写生，11月的金林村特别美。金林村是一个从隋末至今拥有1300多年历史的水村，依青山，傍绿水，良田环绕，古屋错落。古老祠堂、老宅农庄、小桥流水、乡野气息以及古朴民俗最能体现岭南水乡的淡雅与淳朴。大家近距离地亲近大自然，沐浴在自然中写生。在写生过程中大家都需要练就慧眼，用不同的方式与自然交流，把变幻多端的自然景物通过大脑的过滤，幻化成作品。面对各种物象，我们要集中精力才能感受到大自然的神奇瑰丽，才能找到与大自然的灵魂契合点。大家在蓝天白云之下绘画，相互交流绘画技法，交换心得。这次的采风活动，让我受益颇多，有效地提高了我洞悉事物、收集资料、对景写生、创新思维的能力。同时也加深了彼此的了解，大家相互学习借鉴，提高了审美能力和专业技能，对肇庆本土文化及美育资源有了更深的认识。我认识到在今后的课堂教学中，要不断地探索将本土美育资源与课堂教学相融合的技法，以开发出独具地方特色的美育课程。

在这次研修活动中，名师的教育情怀感染了我。他们对工作的热爱与执着，向我们传递了一种思想——无论一个人多优秀也不可能各个方面都擅长。懂得以他人之长补己之短可以使其在办事的过程中，与别人相比更胜一筹，先人一步。同时，这种思想让我们深深体会到学习的快乐，给予我们积极向上的力量。

成长需要唤醒

黄清华

2021年9月，我有幸能成为广东省冼贤名师工作室的一名入室学员。11月初我在贡柑之乡德庆县孔子学校参与工作室第一次集中研修，既有观念上的洗礼，也有理论上的提高；既有知识上的积累，也有教学技艺的增长。工作室主持人冼贤老师真情风趣、平易近人、思想创新，其他学员好学上进、乐于创新、真诚勤奋，他们给予我很大的动力和感触。追随工作室主持人冼贤老师的脚步，我在研修学习中且行且思。

一、耳听心受更新教育理念

粟顺阳导师作了题为《独行速　众行远——山区名师工作室的使命与光荣》的讲座，提出三点：①行者必至，恒者必达。②幸福自己，成就他人。③责任在肩，使命必达。粟导师指出作为教师要有幸福感，我们像农夫一样在课堂里耕耘，强调高效课堂避免满堂灌；开发校本教研，立足本校，加强自己学校校本教材的研究；工作室研究是基于教师教学实践活动，提升教师职业幸福感的行动研究；基础教育是一场马拉松，不是竞速跑，每一步都要思考如何做得更有价值。让我明白了改变他人不易，但改变自己是可行的，教师须保持教育情怀这份初心，往后要以名师工作室为平台，为山区教育做点实事。

冼贤老师开展《〈开国大典〉〈新中国诞生〉美术作品鉴赏》示范课，同学们通过鉴赏这两张具有重要历史意义的美术作品，领悟了革命先辈的革命精神。

冼老师情境设计精彩、导入巧妙、重点突出、难点突破，别出心裁的师生互动问答设计、循循善诱的启发、细致到一言一行的教学，都给我留下了深刻印象。课堂生动，教学目标达成度高，渗透着创新的教学思想与方法。课堂上冼老师特别关注学生在学习过程中所表现出来的感受与兴趣，留给学生广阔开放的思维空间，让学生真正成为情境演绎的经历者、情境意义的建构者，将学生带到学习的主体地位上，让学生成为情境展开过程中的主角，真正使课堂以学生为主体、以教师为引导。

一节常规的美术鉴赏课给我们展示了教师是如何把美育、德育、爱国融入课堂教学当中的，利用多媒体教学手段，让学生从视觉、听觉上感受美育课堂。在新形势下，通过革命题材美术作品的鉴赏，让学生了解美术作品所表达的内涵和历史意义，感受老一辈革命家艰苦奋斗、不怕牺牲的革命精神，进一步培养学生的爱国主义精神。

二、积思顿释提升专业技能

孔子学校颜学海校长在广东省冼贤名师工作室团队建设研讨会上指出，团队引领人须凡事带头、工作目标一致、倾听团队成员心声、了解团队成员需求。团队成员方面，须培养团结一致的心态、树立与团队共进退的思想，多想办法、多干实事、共同学习、共同维护，团队合作要善于扬长避短。为我们展示了一个既有共性又有特色的成长之路。

当然，教师成长的路途中，离不开学生。肇庆市教师发展中心美术书法教研员邓粤军老师在题为《美术课堂视觉思维教学的探索与实践——以美术高考备考为例》的讲座中指出，惯性思维会带偏思路，要用创新方法进行教学，课堂上更要多维度地去对学生的作业进行评价，审美不是单一的，评价也不是单一的。

冼老师主持美术高考备考与美术教学创新案例研讨活动中指出在美术专业课中，教师应多发现学生的学科优点，创新教学先让学生感受、参与，发挥学生的实践能力与培养学习兴趣，每科入门阶段让学生画感兴趣的物体，大胆放开手脚。"创新教学"创新在哪儿？在于课堂上学生的感受，学生的参与体现，美术鉴赏课也不能单纯灌输知识理论概念。这都告诉我们如何去理解学生。

在美术教师专业成长方面，我也这样认为，我首先是老师，然后是美术老师，我的成长是为学生服务的，优秀的美术老师背后，受益者往往是学生。在实施具体课程的过程中研究课堂教学，只要有了研究，有了深入的专业表达与教学成果呈现，坚持做下去，就一定会有成长。

三、身临其境考察美育资源

印象派画家倡导画画的人应"走出画室，到户外对景写生，以快速的手法捕捉瞬间的印象，使画面呈现出明快生动的感觉"。冼贤老师带领我们到德庆金林水乡，进行本土美育资源考察与采风活动，学员一起去捕捉触动心灵的瞬间，用画笔描绘心中的感受。冼老师在金林水乡现场示范速写风景，从观察、画面构图、用笔用线悉心教导。次日上午，冼老师又现场示范水彩风景写生，耐心讲解从取景到起稿、铺色、水彩技法的每一步的运用。通过这几天的面授，冼老师在主持工作室的全面工作期间充分发挥"广东省名教师工作室主持人"示范引领和辐射带动作用，积极开展各项教研活动，指导各位学员的教育教学工作，关注每位学员专业技能的动态，不断地激励学员自强不息，实现自己美好的教育人生。大家专注作画的一幕也成了金林水乡的一道风景，吸引了许多本地居民与游客驻足欣赏。的确，艺术来源于生活，又高于生活，集体写生活动短暂而有意义。

来到工作室，我发现这是一个创新思维的殿堂。通过集中研修学习，我发现自己懂得太少，读得太少，画得太少，反思得太少。通过反思，我深深地体会到"学然后知不足"，更明白了要成为一名真正优秀的美术教师还有很长的路要走。以往在日常教学中反思得太少，美术课堂墨守成规的时候多，创新思想和方法少。作为教师要时时反思自己的教学实践，及时总结经验教训，才能不断提高教育教学水平，在新形势下思维更需与时俱进，多画画、勤反思，要让反思成为自己的习惯，只有做学习型的教师，才能不断提升自己，使自己的教学工作与专业技能得到更扎实、更有效的进步。

豁然开朗

黎海妮

虽然时值隆冬，天寒地冻，恰逢省内疫情再次起伏，但却阻挡不了我们如火的热情。2021年12月10—19日广东省冼贤名师工作室2021年第二次集中研修活动在德庆县孔子学校顺利开展。

一、研修回顾

十天研修，七大板块，每一天的研修都各有主题，有提升教学能力的示范课，有提升专业技能的本土美育资源考察及写生活动，有提升科研能力的课题、论文、案例撰写指导。我们每天都在进行头脑风暴，充分发挥团队的力量，在不断地研讨与思辨中获得成长，从教学能力到教科研能力再到专业能力都得到了提升。通过这次学习，我获益匪浅，我倍感这个团队的魅力，它不仅带给我欢乐与收获，更让我学会了如何在教育教学的岗位上迈好坚实的步伐！

二、点滴体会

二次研修活动安排我12月16日上一节色彩创新教学示范课，我精心备好了课，但在12月14、15日观摩冼老师的素描、速写创新教学示范课时，我感到我备好的课过于普通，不够创新，冼老师语言生动、流畅，他幽默诙谐的表达方式以及充满智慧的课堂组织形式，让同学们在轻松愉悦的状态下深入理解本节课的重难点知识，为我开创了一个全新的美术专业课堂教学模式的参考。于是我对我之前备好的课进行修改，经过集体教研的力量，集思广益，取他人之长，补自己之短，进行了集体备课优化教学设计，圆满完成了我的色彩创新教学示范课，并得到了听课老师和同学们的一致好评！非常开心能有这么一次学习锻炼的机会，通过这次从观摩到实践的锻炼，我更新了自己的教育理念和教学方法，给自己的教学模式重新定位，以便更为专业地投入今后的工作中。以下是我整理的这次观摩实践示范课的心得体会。

（一）导入生活情境，引出问题

心理学研究表明，学习内容和学生熟悉的生活情境越贴近，学生自觉接纳知识的程度就越高。创设和运用生活情境进行教学，可以帮助学生自然轻松地学习，这不仅有利于学生更好地学习课堂知识，而且能帮助教师提高课堂效率。"艺术源于生活，高于生活"，所有的艺术均与生活有着密不可分的关系，而美术课堂也是如此。因此我们需要引导学生回归生活，观察生活中的美，对比生活与艺术的区别。所以，在备这节示范课时，我有意识地挖掘教学内容中的生活情境，将教材中的知识与学生的生活实际联系起来，从中引出色彩问题，以此让学生感悟到色彩无处不在，唤起他们对色彩的渴望和冲动，并积极主动地投入学习和探索之中。我以学生熟悉的风景——金林水乡、冲源酒香村的美丽风景照片导入，展示工作室两位学员老师在水乡和酒香村写生的作品及现场照片，以问题导向为主线，请同学们对比熟悉的风景照片、两位老师的写生作品，寻找画面色彩处理的技巧与方式，以及为什么绘画作品的色彩与写生现场会有不同，学生回答踊跃。以此为契机引导学生认识艺术作品中的色彩的美感。再以此为基础，深入生活现场，培养学生观察生活及周围事物的能力，使学生认识到在美术教学活动中融入地方文化资源并非不可行的难题。

总之，在开展课堂教学的过程中，引入生活化的元素能够更好地为学生营造较为宽松的学习氛围，从而更好地吸引学生课堂学习的注意力，提高学生学习的积极性。并且通过良好的学习氛围引导学生，能够帮助学生更高效地掌握学科内容，也能够帮助学生将所学内容运用到自己的生活中，提高学生的知识迁移运用能力，让学生在学科学习的过程中能够掌握更多的内容。将生动有趣的情境带到课堂当中，这样学生就能自然而然地融入其中，进而学习更多的知识。这不仅提升了学生的学习兴趣，而且教师的教学质量也有所提高。将情境生活化，贴合学生的日常学习生活，这样就让学生在学习知识的同时提高生活生存的能力。教师通过不同形式的生活情境教学，有助于激发学生的学习兴趣，通过正确的指引，帮助学生建立正确的人生观和价值观。同时，也能让中职学生在创设的情境中，通过"三教"进行深入的思考，只有这样，学生才能体会到学习的乐趣，才能更加积极主动地进行学习。

（二）设置问题，让学生积极思考

古人云："学起于思，思源于疑。"可见疑问是思维的火花，思维又以疑问为起点，有疑问才有思考，有思考才能解决问题。在课堂教学中，恰当地设计提问有助于引发学生的学习兴趣，集中学生的注意力，激活学生的思维。问题教学法是以问题的设计和解决为核心的课堂教学模式。在美术教学中，课堂提问是经常采用的一种方法，其目的是使学生产生疑问、积极思维。但要取得有效的思维成果，就必须给学生思维的动力、充实思维的材料，且要善于引导、疏通思路，教给学生思维的方法，提高驾驭知识的能力，为学生开展积极的思维活动铺路架桥。问题教学法是在美术课程中最常用的教学方法，巧妙设疑则是调动学生学习兴趣的重要手段，只有创设一定的问题情境才能激发学生学习的主动性，引起探究的欲望。让学生在自主学习或合作学习中体验美术课程的乐趣，从而激发学生的学习兴趣。因此，在这节示范课中我以问题导向为主线，让学生积极思考，从不同的点观察，反问学生，让学生带着问题去学理论，教会学生主动总结并寻找规律。提高学生独立思考问题的能力，培养学生的逻辑思维能力。

（三）创设情境，解决问题

教师在课堂上要精心创设问题情境，激发学生的创新思维。精心设计"跳一跳，摘得到"的问题情境，让学生处在发现问题与解决问题的矛盾之中，从内心迸发出创新思维的火花，营造积极主动探究新知的课堂氛围。一堂课的开端就像人们见面一样，是通过相互问候来建立交际情感的过程。在课前结合学生实际，将要上课的内容与学生进行适当的即兴提问"闲聊"，对稳定学生情绪、融洽师生关系、活跃课堂气氛会大有好处。

美术是一个人文性的学科，美术课程强调在文化情境中引导学生学习，如在这次示范课中邀请工作室两位老师亲临现场与同学们交流互动，并解析自己在学生熟悉的家乡写生的作品画面色彩的运用，讲述照片与绘画时色调处理的不同，避免了平时同学们只能看着别人的作品听老师分析或自己摸索的问题，作品的作者亲临现场，进而讲解色彩理论，循循善诱，利用图片逐步分析画面色彩调和方式与绘画中色彩的多种对比处理形式及技巧，并再次梳理色彩的色相、明度等相关知识，引导学生从色彩角度欣赏作品，寻找色彩运用规律。

乘风而来，扬鞭启程

吴达清

经过漫长的等待，省名教师工作室开班研修的日子终于到来了。2021年11月3—7日，广东省新一轮（2021—2023）冼贤名师工作室2021年第一次集中研修活动在肇庆市德庆孔子学校举行，整个活动为期5天，由工作室主持人冼贤老师组织，邀请了数位省市专家名师进行专题讲座，我们入室学员及工作室助手全程参与，部分课程还面向100多名网络学员现场直播，研修的过程与成果得到了尽可能的辐射与共享。在这次研修学习中，让我印象十分深刻的是精彩纷呈的诸位省市专家的讲座，比如粟顺阳专家的专题讲座《独行速　众行远——山区名师工作室的使命与光荣》、周念丽专家的专题讲座《社会生态学视野下的"入学准备"》、邓粤军老师的专题讲座《美术课堂视觉思维的探究与实践——以美术高考备考为例》、冼贤老师的示范课《〈开国大典〉〈新中国诞生〉美术作品鉴赏》等。专家名师以其渊博精深的专业知识和对教育初心如一的情怀，高屋建瓴，既给我们指明了研修学习的方向，又让我们充满了激情与渴望。"听君一席话，胜读十年书"，专家名师的讲座深深地感染和触动了我，"风采""积累""情怀"几个字眼反复在我的脑海里盘旋，回味不已，多年来在教育教学上的困顿与疑惑犹如醍醐灌顶，茅塞顿开。

一、学高为师，真我风采

陶行知先生曾经说过："教师职业的特殊在于育人，不仅用自己的学识育人，更重要的是以自己的德育人，不仅通过自己的语言去传授知识，而且要用自己的灵魂去塑造学生的灵魂。"这次的学习，首先让我惊艳的是每一位专家出场所流露出来的气质与风度，他们都自信而热诚、大方而优雅，尽显教师应有的本色风采，比如作为语文老师的粟顺阳专家，从开班仪式的主持到对学员的专题讲座乃至课后的寒暄交流，都是激情澎湃，声如洪钟，语速抑扬顿挫，极富艺术感染力，充分彰显出一个语文教师的真我风采；再如，周念丽老师的温柔慈爱、深情款款，邓粤军老师的气宇轩昂、温雅大方，冼贤老师的雍容大度、不拘小节等，无不尽显每位教师的专业风范。那么，是什么让这些专家气质如此出众而沁人心脾的呢？从他们的讲座中，我慢慢地品味出来，这份从容与风度，自信与风采，哪怕是刹那间流露出的惊艳一瞥，岂能是一朝一夕而能练就？所谓"学高为师，身正为范"，一方面，专家名师多年来坚守在教育教学一线岗位，广博涉猎，刻苦钻研，对自己的专业发展要求高而严，才实现了今天对教育教学技能的驾轻就熟、举重若轻；另一方面，积极提升自我素养与性情修养，对教学用爱倾注，对学生用心呵护，不计荣辱得失，春来秋往，无怨无悔，这样持之以恒地对人民教育事业的无私奉献与自身专业素养的不断完善，自然而然呈现出具有独特魅力的气质，从而潜移默化地陶冶学生的心灵、塑造学生的灵魂。

二、厚积薄发，水滴石穿

回想两个月前，省名师工作室学员名单公布时，我的心情是十分激动的，这既是对我过去工作的一种肯定，同时也意味着对我将来的学习与发展提出更高的要求。很多事情，只有自己亲历了、见识了，才能明白事情的难度和自己的欠缺。接连几天的名师讲座与小组团队的推文日志的撰写等，让我享受了一顿顿的精神大餐，更是经历了一次次的思想洗礼：一是专家名师的渊博学识与真我风采，让人叹服；二是一件看起来不甚起眼的小事，往往需要花费相当多的时间，需要积累相当的专业知识，甚至是需要整个团队的密切配合才能得以完成。邓粤军老师的讲座，通过一系列的对比引证，阐释了学生和老师的固定思维的转变与解放是多么重要；冼贤老师给我们介绍了如何设计教学案例，并分享了他的研究课题，让我们明白没有常年来点点滴滴的日积月累，就没有"一蹴而就"的科研成果；还有在肇庆市中小学名师工作室建设研讨会上，诸多专家站在学科的前沿，旁征博引，深入浅出，让人耳目一新。这样高质量高水平的学习机会相当珍贵，在几天的学习中，我们饱和式地吸收，加班加点地消化，比如为作好一篇推文，冼老师带着我们小组团队通常加班到凌晨而乐此不疲，可能就只是为了一个小标题的推敲、一张图片的选择、一个标点符号的修改等，因为我们学员明白，有这么多优秀导师专家的引领把关，要求越是苛刻、打磨越是烦琐，我们进步成长的脚步就越是踏实，我们的专业发展就越是光明。

三、初心如磐，矢志不渝

冼贤老师坚守在山区县从事美术教育工作30余年，他在工作中坚守自己的教育情怀，不忘初心，砥砺前行，刻苦钻研美术教学创新性，积极进行教学改革，这些都是我们青年美术教师学习的榜样。我们入室学员分别来自肇庆市的端州、高要、广宁、封开、德庆等地，都是常年坚守在美术教育教学第一线的青年美术教师，对祖国的教育事业有着崇高的热情与理想，对学生和社会充满爱心与热情，对自身的素质发展与提高也有着迫切的期望。怀着共同的理想与愿望，我们走到了一起，期望通过为期三年的研修研学，在冼贤老师的言传身教与诸多省市专家名师的示范引领下，依托省名工作室的团队力量，以课堂教育教学为阵地，以教学教研能力的提升、专业素质能力的成长发展为导向，以振兴粤西山区中小学美术教育为使命，力争上游，在有限的时间内快速成长起来，并将学习成果尽可能地共享辐射到更多青年美术教师，带动大家一起成长与发展。岭南秋来风景异，策马扬鞭征程长。在优秀导师专家团队的引领下，我们同心协力迈步前进。

以研促教，教学相长

朱淞麟

秋尽冬来，时至万物收藏。适逢德庆贡柑果香醇厚、脆甜沁人心脾之时，2021年11月，广东省新一轮（2021—2023）冼贤名师工作室所在地德庆县孔子学校，工作室主持人冼贤老师与我们12名入室学员开展第一次集中研修，研修活动为"名师专家讲座""美术高考备考中视觉思维与美术教学创新案例研讨""美术鉴赏示范课""读书分享交流会""美育资源考察与采风"等。研修活动内容多样，冼贤老师作为一名高水平的美术教育名师工作室主持人，将研修的气氛和成效推到了新的高度与深度。

一、教育情怀

由于教师职业的特殊性，我们的劳动对象是有思想感情的活生生的人，并非冷冰冰的机器，而教师每天从事的智力劳动，所有的付出或许如"黑洞"般看不见摸不着，这就要求教师具有坚定的奉献精神，即热爱教育，甘为人梯。研修时冼老师身先士卒工作的情景令人动容，他对教育事业的热爱可见一斑。他对学员的指导耐心且认真，如学员工作中的纰漏找寻解决方案，做到今日事今日毕，对文章中某些文字推敲反复斟酌修改，直到表达精准为止。他对美术教育事业执着耕耘，那异于同龄人的满头银丝，更显睿智风范。每每谈起教育，他总是铭记忠于党的教育事业，感恩国家对他的培养，成立工作室的初衷，也是本着为本地区的美术教育事业培养更多人才的教育情怀……

说到教育情怀，高中正高级语文教师、广东省特级教师粟顺阳的专题讲座《独行速　众行远——山区名师工作室的使命与光荣》，让我明白扎根山区的省名师工作室的职责与使命，教育事业任重而道远，名师工作室研究是基于教师教学实践的活动，提升教师职业幸福感的行动研究。对于我们的美术教学而言，需要将学生培养成为美术消费者，除了文化素养，时代更注重学生的艺术素养。在美术鉴赏教学中如何帮助学生解读作品的表层意义，继而洞察图像中的隐喻，教师就要运用适当的教学策略引发学生思考，让学生能积极参与到作品解读中来，进而发展为具有美术素养的人。冼贤老师关于《〈开国大典〉〈新中国诞生〉美术作品鉴赏》的示范课，巧用对比法，通过两幅主题相同表现大不相同的作品，为如何以视觉形式去表达难以言传的意义做出示范。2021年恰逢中国共产党建党100周年，没有中国共产党，便没有新中国，本堂课将爱国主义教育融入美术教学，让学生了解艺术作品所表达的内涵和历史意义，感受和平生活的来之不易，进一步培养学生的爱国主义精神。第二次世界大战期间艺术教育就已要求必须以艺术达到爱国为宗旨，艺术课，更是"有助于战争的胜利"，战争期间学校教艺术成为正当理由，在保家卫国方面的重要性可见一斑，更何况是在和平年代。格式塔心理学家认为：我们绝不能孤立地理解事物，总要将一个事物与其周围的事物联系起来理解。一个艺术批评家在讨论艺术作品时，总是会参照其他的作品，从而获得对价值判断的视角，这就需要在课堂建立起可供讨论的相同框架，冼老师这堂课便给我们建立了这种框架。在美术鉴赏教学中比较与对比美术作品是一种非常有效的教学方法。在学生不具备很强的背景知识、不了解美术相关术语时也可以参与到教学活动中。

二、归零心态

在高中美术课堂耕耘的十多年时间里，每轮教学我都会用重新出发的心态来迎接。我自认为自己是追求进步的，与自身惰性抗争，向同行学习全新的教学经验，在书里寻找有助于美术教学的实践方法，在户外写生中找到职业倦怠的转换方式，在美术馆里感受艺术给人心灵的润泽和启迪。教学无涯，研修不止，教和研是教学的双翼，通过省名师工作室难得的研修平台，我来恶补教研的缺。如工作室导师邓粤军老师关于《美术课堂视觉思维的探索与实践——以美术高考备考为例》的专题讲座，他用图式游戏打开美术教师的思维空间，在游戏中，我也需要克服思维惯性才能顺利完成。我在思考，在自己的教育教学中，是否也带着思维惯性，并未从问题本身出发，以至于依赖以往经验，武断地做出某种评价。邓老师告诉我们要用创造性的思维方法进行教学实践，课堂上更要多维度地对学生的作品进行评价，审美趣味不是单一的，评价方式更不能单一。

我国的学生应试能力、书本功夫"享誉世界"，但大家都知晓这并不全是褒义，也带有一定的贬义意味。诺贝尔奖获得者朱棣文教授在比较中外学生差异时指出：中国学生学习很刻苦，书本成绩很好，但动手能力差，创新精神明显不足。我们必须加强对中小学生创新精神和实践能力的培养和教育。学生拥有的创新精神和创新能力远远不够，还需要家庭、学校、社会给予足够的时间和空间。从心理层面来看，创新潜能也不是少数人或者少数尖子学生特有的，每位学生都有创新的潜能。教育的任务就是开发蕴藏在每个学生身上的潜在创新能力，创新精神和实践能力的培养也必须面向全体学生。邓老师这堂课提醒我，在美术实践中，要避免不公正、不科学的做法，以免伤害学生的自尊心，以至于破坏学生的创新精神。因此，我们须提倡这样的口号：把您期待的目光投向每一个学生，把您满意的微笑与每一个孩子分享。

三、感知力

法国拉斯科岩洞壁画的代表《受伤的野牛》，是4个外出郊游的少年无意间发现的，画中野牛鬃毛倒竖肚腹撕裂，现在看来，仍然有撼动人心的力量与形象美感，我很喜欢这批史前艺术，甚至用油彩临摹过。人人向往自然，不论是《向往的生活》里贴近大自然生活的真人秀，还是《荒野求生》里的万物皆可吃的贝爷，抑或是征服珠峰的电影《攀登者》，无不展示着人们对大自然的无限崇拜。大自然给我们的力量无穷无尽，给我们的启示也是无限多，甚至可以说人类文明在大自然面前不值一提。

工作室最后的研修在户外，与自然接触令人兴奋。德庆县植被茂密，人文美育资源丰富，德庆县境内，有千年古村落，文化底蕴深厚。古宅及宗祠建筑保存完整，古色古香、环境优美。驱车21千米至金林村，村内丽先谈公祠建于清代，为我国典型的古代抬梁式建筑，祠堂屋顶及木质抬梁上刻有大量雕花，仍清晰可见，这些充满民族特色和文化内涵的图案极其精美，是我们对学生进行民间美术教育的优良资源。抗日战争期间，广东肇庆中学曾在此复课并开展教学，岭南国画大师黎雄才先生曾经在此居住并执教，至今他的居室还保留着。古村落新农村建设规划得当，新旧建筑错落有致绿树成荫，村路巷道整洁优美，民风淳朴，美丽的乡村田园风光，特别入画，是写生采风的好地方。通过采风活动，工作室学员开展互动与交流，开阔了视野，提高了审美能力和专业技能，对肇庆本土文化及美育资源有了更全面的认识。冼老师鼓励大家竭力思考如何将本土美育资源与课堂教学相融合，用以开发出独具地方特色的美育课程。

美术教育是人类文化教育活动之一，孔子有"游于艺"教育学说，蔡元培先生更是提出"以美育代宗教"学说，美育的重要性显而易见。冼贤老师的美术教育理念是——由美入善，成就全人。整个研修活动使我收获良多，明白了作为教师要时时进行教学实践反思，开拓创新教学思维，发掘新的教学理念，不断总结教学经验，充实工作能量，这样才能不断提高教育教学水平。做学习型教师，逐步提升和超越自己，使自身工作更具有效能。工作室12位成员来自肇庆市各地区学校，教学经验丰富，业务能力突出，我很敬佩他们对于教育事业的执着，通过群体研修活动，彼此借鉴教育成长经验，为地区教育事业贡献力量，最终成为专业技术能力更加全面的新时代社会主义教育工作者。

徜徉于"美"，浸润心灵

杨 琦

2021年11月3—7日，广东省冼贤名师工作室第一期研修活动开始了。我与其他来自高要、广宁、封开等县区的11名同室学员老师一起，聚到了冼贤老师身边。

回顾研修期间的点点滴滴，纵观本次培训活动的安排，既有发人深省、启迪智慧的专题讲座、讨论互动、观摩研讨、案例评析、课题撰写的理论培训，也有外出采风写生、观摩课堂、体验名师风采的实践锻炼。5天的培训紧张而充实，我们在感叹时间飞逝的同时，更多的是对重回学习时光的意犹未尽。

一、名师引领，助力学员多方位提升

研修第一天，粟顺阳（德庆县教育局局长）首先作了题为《独行速 众行远——山区名师工作室的使命与光荣》的讲座。粟局长分享了自己从一名普通教师成长为正高级、特级教师的心路历程，认为做一名教师是幸福的，可以享受课堂，帮助带动学困生是功德无量的事。"行者必至，恒者必达。"在他的身上，我读到了为人师者的"核心价值观"，希望自己也能够享受课堂、享受职业、幸福自己、成就他人。

在聆听《美术课堂视觉思维的探究与实践——以美术高考备考为例》的讲座时，邓粤军老师（肇庆市教师发展中心美术教研员）针对当前新形势下的学生高考备考现状提出了一系列具有针对性的问题，并分享了阿恩海姆的著作《艺术与视知觉》，这是非常出色的一本书。作者用格式塔心理学来解释视知觉，讲得很精彩。虽然这本书有点老了，里面的一些理论也许会过时，但是一些基本的关于视知觉的心理问题，却是永远不过时的。比如，到底什么是美？这本书是从我们人的生理出发来解释这个问题的。同时列举了很多艺术家的作品，向我们展示艺术家是如何通过这些技巧将美展现给大众的。不得不佩服作者阿恩海姆的知识之广博，能让我去深入思考一些原本认为理所当然的东西。邓老师以《艺术与视知觉》一书中谈及的研究观点，从备考的思维导向出发，让老师们明确了应该从问题导向和成果导向两方面，解决备考中存在的教与学的问题与矛盾，并更多地着眼于对学习者成果的评价，以多样化评价的方式鼓励学生找到适合自己的突破口，帮助学生树立信心，最终实现以视觉思维的探索研究带动教师专业能力的发展。

冼贤老师的示范课《〈开国大典〉〈新中国诞生〉美术作品鉴赏》，让我感受到冼老师丰厚的人文历史知识，他善于用设问的方式逐步引导，引导学生对作品进行图像识读与文化理解，例如作品中美术语言如何表现，色彩的设计与画面内容及主题思想的统一，并结合社会时事，联系当下一些具有典型性的社会问题，给学生带来了一堂充满爱国主义情怀的美术鉴赏课。在冼老师的解读下，美术作品不仅有丰富的承载方式和表现类型，而且有着从物质到心理、从客观到主观、从外在到内在等形态。因此在基于对美术作品赏析的教学中，我们不能停留在"看图像"的浅层次的理解，而应该是基于时代的文化语境，在思维方式、知识结构、价值取向、审美趣味中去进行识读。

二、团队教研，构建学习共同体

在工作室"创新教学案例研讨"的活动上，冼贤老师为我们分享了他主持的广东省教育科研"十三五"规划2021年度课题《基于核心素养下培养高中美术生学习能力的创新教学策略研究》。他以扎根一线多年的教学实践为基础，研究课堂内外的创新教学方式，带给了我许多启发。如跨学科和多学科交融的方式促进美术课堂的丰富性，满足学习者对知识广度与深度的需求。应改变灌输式的教学方式，在信息化时代重视新技术的作用，研究新技术环境下教与学活动的展开，教师在平时的课堂教学中应善于总结经验，形成教学案例或教学反思，在不断反思、不断调整、积极探索中得到锻炼与提升。通过"读书分享会"，学员以分组的方式展开共研共读，从各自分配的问题中寻找解决方案。思想观念的转变终将带动行为模式的转化。在社会高速发展的今天，大众对美术教育的期待度也在不断提升，这些都对我们美术教育工作者的综合素养提出了更高的要求，传统的教学方式已不能完全顺应时代变化，如何在时代的变革中保持自身的竞争力，如何与新兴科技结合来满足学生对知识的渴求和提高教学效率，这也是值得我们研修学员探讨研究的永恒课题。

在团队建设研讨会上，颜学海校长（孔子学校党总支书记）谈及他工作中有关团队建设的体会，颜校长高屋建瓴地列举了钟南山、袁隆平等科研团队的协作精神事迹，阐述了他成长历程中对于团队精神的理解，让学员充分认识到团队精神就是对大局意识、协作精神和服务精神的集中体现。要避免"滥竽充数"，作为合格的团队成员，除完成好分内的工作外，还要毫无保留地为团队目标出谋划策、勇于担当、积极作为。

三、采风写生，以技促教

6日，我们工作室学员在冼贤老师的率领下，驱车来到距离县城30千米的金林水乡，开展"本土美育资源考察与采风活动"。冼老师先带着大家在村里参观古宅及宗祠，这些建筑保存完整，古色古香、环境优美。古村落新农村建设规划得当，新旧建筑错落有致，绿树成荫，村道巷道整洁优美。

我们在乡野巷道中穿行，细心观察，恣意挥毫。庄子曰"天地有大美而不言"，徜徉在美景中写生自然充满愉悦与欢快，南方温暖的气候让我们此刻融化在阳光里，画笔轻舞飞扬地描绘各自心中的"大美"，冼贤老师不仅带领大家欣赏大自然带来的绝美风光，同时也身体力行地传授写生技巧："写生，是画家师造化最直接的途径，画家直接面对自然进行描绘，要造境而不是画景，在忠实于对象的前提下，画出自己的感受和体验，这样的写生作品才能既打动人，又有学术高度，史载荆浩'对景造意'，就是这个道理。"

在这短短的一周时间里，得到多位教育教学专家鞭辟入里的教诲，这也给了我前进方向上的指引，明白了如何将学习到的知识整理消化，学以致用，以"知之者不如好之者，好之者不如乐之者"的态度对待学习，真正把学习作为一种追求、一种爱好、一种利人利己的生活方式，做到终身学习。"由美入善，成就全人"的工作室理念也将会是我们成长道路上的信念。正如习近平总书记所说，"心中有信仰，脚下有力量"，愿我们与导师一起徜徉于"美"的研修课堂，浸润于"美"的学习旅途。

求学致用，读书虚心

侯小玲

2021年5月，我有幸成为广东省冼贤名师工作室的入室学员。同年11月3日，步入德庆县教师发展中心的会议室，聆听了多位大咖的讲座，这对于出来工作后还可以再当回学生的我来说是件幸福的事！通过这几天的学习，我在对当好一名入室学员、教学技能提升、教研活动等方面都有了一个全新的认识，教学业务各方面有了新的目标。

一、与书同行，提升自我

通过这次与导师、学员的共同学习，我意识到作为一名教师要多读书，不断给自己充电。教师这个职业应该是既博学多才又具有独特人格魅力的人。不管是哪一门学科的教师，都应该不断提升自己的学科素养，试想下如果做一个受学生欢迎的教师，就需要经常邀游于书的海洋，做到善于读书。教师如果不给自己充电，不注重知识的储备和积累，不去加强自身的教学业务水平、绘画能力，是很难满足现代教学需要的。美术老师更需要多读书、读好书，广泛涉猎不同领域、不同题材的作品，提升自己的绘画功底，同时可以运用自己读书、日常教学积累下来的经验，开设符合本学科核心素养的美术课堂，培养出合格的高校美术人才。

二、创新教学思维，及时反馈教学经验

教研工作本身就需要同科组的教师共同去研究、探讨，并形成创新性的有效的教学资源。回想以前我们开展的教研活动，都有意或无意地受到传统的

思维影响，在课堂免不了走老路。这样一来，很多绘画的画面处理还是运用老套的做法，跟现在的美术高考趋势和学科的教学理念有些格格不入，再加上现实的理论知识不足、绘画技能缺乏更新，使得自己在工作上思之越切则行之越远。听了邓粤军和冼贤两位老师的课后，我在很多方面茅塞顿开，特别是打开学生思维、让学生自主学习的教学理念，给我的印象最为深刻。教学过程中教研并不是一件简单的事情，策划和组织的好坏、参与者的重视与否都会直接影响到教研活动的有效与否。例如，在美术的集体备课方面，有时候由于各项工作的繁重，集体备课只是流于形式，加上美术学科的教学特点，很难建立好一个完善的美术集体备课制度，因而我认为集体备课更要备内容、备学生，同时兼顾思维的创新；在教学反思方面，正如邓粤军所说的，有时候上公开课的老师，所写的教学反思是在介绍上课的过程及目的，反而缺少了对这节课的再认识，好像为了反思而反思，并没有找出问题及解决问题的方法，起不到反思的作用，教学效果也不好。

三、勤于思考，学会分析

在这次研修中，冼贤老师给我们介绍了如何创新性地写设计教学案例，让我们认识到创新的重要性。他分享了由他主持的广东省教育科研"十三五"规划2021年度课题《基于核心素养下培养高中美术生学习能力的创新教学策略研究》。他以扎根一线多年的教学实践为基础，研究课堂内外的创新教学方式，带给我们许多启发。如跨学科和多学科交融的方式促进美术课堂的丰富性，满足学习者对知识广度与深度的需求。鼓励因循守旧的"老教头"学新知识、新内容，改变灌输式的教学方式，研究新技术环境下教与学活动的展开。要勇于迎接挑战、积极探索，重视学生自主能力的培养，要为学生提供开展独立试验和探索的时间，并更多地着眼于对学习者成果的评价，以多样化评价的方式鼓励学生找到适合自己的突破口，帮助学生树立信心，体验成功的喜悦。倾听冼老师的示范课让我受益匪浅，作为教师的我们要在课前了解学生原有的知识认知来预设教学，对于学生的课堂表现和学习效果要有自己的认识，思考学生的课堂反应、教学的效果，并把教学过程中的内容与现象，总结出有效的教学方法，然后把这些经验变为教学论文或者课题研究，就会大大帮助教师更好地把控课堂。这是冼老师对学员寄予的厚望，希望学员在平时的课堂教学中能善于总结经验，形成教学案例或勤写教学反思，在不断反思、不断调整、积极探索中得到锻炼与提升，形成有自己特色的教学风格。

四、精雕细琢，取精去粗

我们在听课的时候，几乎都是把所有的注意力集中在授课老师的授课环节上，比较注重授课老师怎样围绕教学目标、突出重点难点，以及学生在课堂上的反应，达到怎样的教学效果。在评课时，听课的人也会从这几方面进行，所以每次听课评课，都是反复这几个环节。通常一节公开课下来，无论是授课还是听课，效果都不理想，授课老师没有得到一些实质性的建议与批评，最后没有改变与提升，一直沿用自己的教学方法，起不到一个研讨学习提升教学效果的作用。经过本次的学习我认识到，在听课评课的时候，有很多地方是我没有留意的，如：教师授课的环节、多媒体的运用、提问、评价等实效性，学生学习的参与、交流、思维、情绪等。我们在评课时注重上课教师的以上内容并给予解决的方法，被评课的老师也会更好地认识到自己在课堂上的优缺点，并加以改善，从而有所进步。我们要分析总结别人上课的内容，注意比较、研究，取长补短。我们每个教师在长期教学活动中都可能形成自己独特的教学风格，不同的教师会有不同的教法，绘画的画面感也会有差别。作为一名年轻的老师，要学会进行比较，提取别人各种教学方法的长处和短处，并结合自己的教学实际，吸收优秀教师先进的教学经验，改进自己的教学，从各方面加强自己的业务能力。

最后我们12名学员发挥了集体的力量，互勉共进，一起讨论，一起研究，在思维的碰撞中学习到了很多的知识。短短几天的研修活动，给我的深刻感受：活到老、学到老，在工作和生活中要始终保持一颗学习的心，我们才能更加适应当代美术教学环境。

思绪放飞

肖泽堃

这次有幸成为冼贤名师工作室的入室学员。"入室学员"让我联想到"入室弟子",在古代掌握高超技艺的人招收"入室弟子"来传授自己的绝学、秘诀。弟子们被寄予厚望,继承和发扬师父的技艺,所以这次无论如何都要把握好机会提升自己。

第一次工作室集中研修活动持续了5天,每天的行程安排都很充实,在紧张而又愉快中度过,感觉自己就像是一块海绵在不断地吸收知识。

一、蓄势待发,专家掌舵

启动仪式前,几位特邀的专家教授对工作室成立表示祝贺并寄予厚望。对工作室工作的开展也提出了很多宝贵的意见建议。我有幸以冼贤名师工作室的入室学员的身份见证了这激动人心的时刻。

揭牌仪式后听了德庆县教育局局长粟顺阳题为《独行速 众行远——山区名师工作室的使命与光荣》的讲座和周念丽老师题为《社会生态学视野下的"入学准备"》的讲座。粟局长在整个讲座的过程中慷慨激昂、风趣幽默。我被他演讲状态深深吸引的同时也领会到了粟局长的讲话精神。他说:"一个人要有强烈的追求意识,恒久的文化自觉,才能达到目标。作为教师做研究一定要扎根课堂,从实际出发。就像农夫和农田的关系那么紧密。"粟局长的讲话对我启发很大,尤其是他说的第一点,我觉得自己在这方面还远远不够。每一个成功的人在背后都付出了超出常人百倍的努力,往往牺牲了自己很多的休息时间刻苦钻研,而且这需要恒久的自觉和自律,最终才能取得一些成绩。我们的导师冼贤老师就是成功的典范。无论作为教师身份，还是作为画家身份都取得了非常大的成功，是入室学员的楷模。所以今后我得明确自己的目标，并朝着自己的目标持之以恒地努力。我当前的首要目标是做一个合格的入室学员。

周老师的讲座有几点我印象特别深刻，尤其是讲到要教会孩子用画画的方式表达自己的思想情感。作为美术老师的我感同身受，所有的绘画无不在诉说着自己内心深处的秘密，儿童每一张画都在讲一个小故事，通过画画的方式让情绪得到缓解和释放。

这里还让我联想到艺术治疗。1989年，郭海平在南京青少年心理咨询中心创建艺术分析部，这是中国用艺术介入心理咨询实践的早期记录。所以人人都可以画画，人人都可以成为画家。在没有其他人可以沟通、疏导的时候或者有沟通障碍的时候。手中的画笔和画纸就成了最好的倾诉对象。记得有一部纪录片中，讲述了精神病院里的一个小孩的绘画作品，受到很多人的青睐。他不善言辞，自闭、抑郁，整天沉浸在自己画画的世界里，画着大人们都看不懂的简单重复的符号，运用单纯艳丽的颜色，呈现的画面效果却非常棒。也许这就是绘画的力量。

二、视觉思维，爱国情怀

肇庆市教师发展中心美术教研员邓粤军主任作了题为《美术课堂视觉思维的探究与实践——以美术高考备考为例》的演讲，听了邓老师的讲座我深受启发，其中谈及视觉思维学说，视知觉又称视觉思维。阿恩海姆认为："一切知觉都包含了思维，一切推理都包含了直觉，一切观测都包含了创造。"我们美术老师不能安于现状，总是用老一套的教学方法教学，不善于思考，不善于发现学生的实际问题。美术老师要有思维能力、创新精神。从教师思维的转变过渡到教学方法的改变。

广东省冼贤名师工作室主持人冼贤老师的示范课题为《〈开国大典〉〈新中国诞生〉美术作品鉴赏》。本课是通过革命题材美术作品的鉴赏，让学生了解美术作品所表达的内涵和历史意义，感受以毛泽东同志为首的老一辈革命家的艰苦奋斗、不怕牺牲的革命精神，进一步培养学生的爱国主义精神。最重要的是通过这两张画的鉴赏让学生明白现在的幸福生活来之不易，珍惜当下的学习，立志做对社会有用的人才。

三、团队建设

在工作室团队建设的活动中，德庆县孔子学校颜学海校长应邀参加，阐述了他对于团队精神的理解，并对我们团队的成立和即将开展的工作给予了肯定和鼓励。冼贤老师私下开玩笑说我们的团队搭配非常合理，各有特长。而且每个小组的搭配也是恰到好处，男女组合，其乐融融。相信在这样的气氛下，我们团队的工作开展将会非常顺利。

四、渗透本土美育，自然和心灵的碰撞

经过半天的仔细观察，发现德庆金林水乡三面环山，金黄的农田呈现出一派丰收的景象。明朝的古建筑、古宗祠高低错落，几条狭长的巷子把房屋分割成几个区域，井然有序。陈旧的路面上点缀着青苔，格外显眼。一条小溪穿过村落，仿佛在诉说着什么。而我只需要闭上眼睛静静地感受。抬眼一看，一簇娇艳的三角梅伸出墙外，让我不禁想去窥探墙内更多的秋天。欣赏建筑时印象深刻的是祠堂屋顶图案及木质抬梁上的雕花，这些图案有些是画上去的，有些是浮雕，其中有回形图案、龙凤图案、植物图案。木雕有些是镂空的，也有浮雕，以花鸟的造型为主。这些民间美术表现形式正是我们上美育课时的宝贵财富。

学员的专业能力提升也是这次工作室组建中重要的研修课程。写生形式在国内外美术发展长河中都具有非常重要的意义，我国最早的象形文字其实就是以概括的手法记录当时人们看到的周围的事物，而由此形成的文字也可以说是最早的绘画，所以在中国有"书画同源"一说。新石器时代的彩陶——人面鱼纹盆上的图案运用抽象概括的语言完好地体现了远古时代人的一种审美状态：朴素，纯洁。"外师造化，中得心源"的思想一直贯穿中国绘画的发展过程。欧洲文艺复兴以来风景画慢慢地从宗教绘画中独立出来，成为独立的画种，画家纷纷走出画室，对景写生，运用直接描摹的形式表现周围的景色。

每当有写生的机会我都非常激动，很想表现好眼前的美景，又怕"伤害"眼前的美景。在与自然景色对话的过程当中充满了挑战和未知。正是这种挑战和未知让我兴奋不已。在一天的写生结束后大家都收获了画作，看到大家的作品我觉得自己还要加倍努力才能赶上。最后冼贤导师对大家的作品一一点评，

指导学员交流。

几天的研究活动下来我感觉自己收获满满，也意识到自己存在很多的不足。首先是要做到粟局长说的要有强烈的追求意识和持之以恒的自觉，没有人随随便便就能成功，成功的背后都付出了百般努力。其次是要立足课堂，发现"痛点"，多作教学反思，研究解决"痛点"的办法。以视觉思维，创造新的教学实践。最后要加强团队合作和交流学习，取长补短，积极完成自己本职工作，做一个合格的入室学员。

教思相融，沂水春风

翟康辉

教育就是一棵树摇动另一棵树，一朵云推动另一朵云，一个灵魂唤醒另一个灵魂。

——雅斯贝尔斯

省名师工作室第一次集中研修活动结束已有一段时日，回顾在名师工作室的第一次学习经历，我时常回味着这个集体给我带来的欢乐与收获。在冼贤老师的悉心指导和全体成员的大力帮助下，我和这个友爱、团结、和谐的团体共同成长、共同进步。每次聆听讲座，观摩示范课，参与活动交流，都成为我最宝贵的精神食粮。这是我第一次参加省名师工作室，从懵懵懂懂到工作室职责划分及学习任务制定，几天的集中研修学习再次激发起我努力充电的愿望。从教十几年，偶尔也会有职业倦怠的时候，可当我看到已经是正高级职称又是广东省百千万人才的工作室主持人冼老师依然孜孜不倦地工作时，我深知没有什么理由可再懈怠。

五天中，有精彩纷呈的工作室揭牌活动；聆听华东师大周念丽教授、德庆县教育局局长粟顺阳同志、肇庆市教师发展中心邓粤军老师的讲座；还有工作室主持人冼老师的美术鉴赏示范课。学员每天高强度、快节奏地忙碌到深夜，但是大家都非常兴奋，也不觉得累，因为我们都是一群热爱艺术、热爱教育的人。

一、关于"锦上添花"还是"雪中送炭"的思考

在工作室揭牌当天，德庆县教育局局长粟顺阳同志对名师工作室的责任与担当提出自己的建议。粟局长是普通教师出身，曾经在学校的各个岗位都有着丰富的经验，他特别提到名师工作室应该为乡村、贫困地区、落后地区的学校，带去更多、更好的教育资源和先进的教育理念，"锦上添花"的工作看起来好看，实际上对提高一方教育水平似乎作用不大，名师工作室要做"雪中送炭"的人，为我们的乡村和落后地区的教育培养更多、更优秀的教师，真正造福一方。

教育的工作永远是培育人的工作，在教师行业里培养名师、优秀教师就是希望这些名师和优秀教师能培养出更多、更优秀的人。冼老师曾经也提到过他对工作室的设想，通过为期三年的学员培养，能把我们12位学员培养成真正独当一面的优秀教师。未来，我们自己能再组建自己的市或县名师工作室，我们每个人再培养出多个优秀教师，如此往复，从而带动整个肇庆地区的美育发展，这是多么美好的设想呀，希望通过我们的努力，所有学员都能成为"雪中送炭"的名师。

二、关于教育本质的思考

揭牌仪式后华东师大周念丽教授作了题为《社会生态学视野下的"入学准备"》的讲座。周教授是儿童教育学、心理学研究专家，虽然讲座内容与我们工作室的研究定位不同，但是我们每位学员都在认真聆听并记录笔记，大家从一位普通家长的角度来思考周教授所提出的各种学前儿童的心理及教育观念。周教授提到的"去小学化"与入学准备关系引起我极大的兴趣，孩子的教育一直是家长极其焦虑的事情，作为父母谁都不希望自己的孩子在起跑线上就落后于别人，但是揠苗助长肯定是违背儿童的身心发展的，若不提前教育又害怕孩子赶不上同龄孩子导致自信心受到影响。周教授说其实这些焦虑很多时候是家长庸人自扰，学前教育不能少，入学准备不能没有，但是周教授认为家长对孩子的入学准备不应该过度强调知识储备，应该更多关注的是孩子的身体和心理是否做好了入学准备，比如孩子的社交、体能、语言、思维方式、自我效能感等方面是否已经准备好。

周教授的讲座犹如醍醐灌顶，让我再次冷静思考教育的本质，我们提了很多年"教育以人为本"的理念，在实际教学中我们是否真正把"人"放在了首位去思考。为了更好地适应新知识或应对考试，个别焦虑的学校不顾学生的身心特点，人为更改教学进度，甚至将三年教学内容缩短到一学年完成；很多焦虑的家长用培训班将孩子的周末通通填满，孩子体力得不到恢复，身体永远处在紧张与不安之中，这种教育状态下，我们如何实现"以人为本""育全人"的教育理念？没有健康的身体哪有良好的学习状态。好在国家最近几年对教育所做的多项改革，如对中小学实行"双减"、要求小学生每天都要有一节体育课等，这真正体现了"以人为本"的教育理念。周教授认为活动能力比较强的孩子，学习能力不会差，其本质上就是注重孩子的身心健康大于对智力的无端增压。

三、关于核心素养下高中美术鉴赏课的思考

研修第三天工作室主持人冼老师为学员开设了一节美术鉴赏示范课，冼老师以《开国大典》《新中国的诞生》两幅爱国主义历史画为例，从两幅作品的题材、绘画材料、作品内涵等方面再现了新中国成立的壮观景象。同学们在冼老师的娓娓道来之中，深刻感受到新中国、新生活的来之不易，这是一节非常具有爱国主义教育意义的美术课。

2018年教育部正式公布了《普通高中美术课程标准（2017年版）》，这标志着中国基础美术教育正式走进核心素养时代。核心素养的提出，顺应了国际教育发展潮流，也是我国当下中小学美术教育正在努力实现的方向。然而因为高考学习的压力，很多学校美术鉴赏课徒有虚名，即使是以艺考为主的各类高中，往往也只重视学生的绘画技能而忽略了其美术修养的提升。我国每年有上百万的艺考生，可是我们却很难培养出一个真正的艺术家，究其原因不是我们的教师不够优秀，而是我们忽视了对学生在艺术学科中的人品、学问、才情、思想上的教育。培养一个匠人或许只要不断地重复一个动作日积月累即可实现，若要培养出思想、情怀、格调都很高雅的艺术人才，没有绝对的艺术修养定难以实现。这也是新课标中美术核心素养的要求。

冼老师这节美术鉴赏课，一开始让我感觉像是历史课，但是慢慢地通过图像识读与审美判断，现场每一位学生和老师都深深融入作品背后的文化和历史

意义当中，冼老师巧妙地糅合了美术学科的五大核心素养，为美术鉴赏课教学打开了一个全新的思路。

四、关于团队的思考

集中研修过程中，我深刻体会到团队合作的精神，也发现了自己的种种不足。根据研修计划要求，我们每天要进行工作室的推文编辑和撰写个人学习日志，工作室成员分组领取任务，但还是有很多热心的老师不分组别互相帮助，他们贡献出自己的智慧，为工作室所有组别提供技术支持。大家一遍遍推敲并修改推文的文字和图片，在一次次头脑风暴中我强烈地感受到集体智慧力量的强大，当推文发布出来的一刹那，一切努力都变得那么有意义、有价值。

与这么多有趣的、有智慧的老师一起学习、工作，我真是收获满满，期待在接下来的两年研修活动中，我可以学到更多、做得更好。

以美育人，潜心修行

区碧蕾

一、研修活动开启新篇章

2021年11月3日上午，广东省新一轮（2021—2023）陆丽梅名教师工作室、冼贤名师工作室揭牌启动仪式在德庆县教师发展中心举行。启动仪式上邀请了广东省和肇庆市的专家与领导参加，肃穆的仪式感打开了知识的海洋。在这次研修学习中，我聆听了粟顺阳专家、周念丽教授、邓粤军老师的讲座和肇庆市省级新一轮（2021—2023）中小学教师工作室建设研讨会工作汇报、冼贤老师的示范课。专家、教授和老师们的言语一次又一次地对我的灵魂进行了拷问。那天，专家对我们入室学员提出了问题："你们成为入室学员的初衷是什么？为成为入室学员做好了准备吗？"那时候，我回答得确实很单纯。也很疑惑，为什么专家会那么语重心长地问准备好了吗。

讲座是一座知识宝库，专家的问题，犹如开启宝库的钥匙。我带着各种疑问去解开心中的困惑，去开启新的思维，带着想法去寻找各种可能性。第一次研修学习结束后，"责任、使命、团队、自我效能感"等各种词语不断在我的脑海中回旋。肇庆市9个名师工作室做了详细的工作汇报，介绍了工作室的工作细则、建团、配备以及接下来的工作计划和预期达到的成果等。我开阔了视野，增长了见识，初步认知入室学员的责任与使命的重要性。

二、自我效能感的培养激发潜能

周念丽教授在她的讲座中提到自我效能感的培养。通过一些事例分析，让我有很大的感触，也让我明白，培养学生的自我效能感非常重要。

什么是自我效能感？在教育中自我效能感又起着什么样的作用？美国著名心理学家班杜拉对自我效能感的定义是"人们对自身能否利用所拥有的技能去完成某项工作行为的自信程度"。当人确信自己有能力进行某一活动，他就会产生高度的"自我效能感"，并会去主动进行那些活动。例如，学生不仅知道注意听课可以带来理想的成绩，而且还感到自己有能力听懂教师所讲的内容时，才会认真听课。人们在获得了相应的知识、技能后，自我效能感就成为行为的决定因素。

在学习中自我效能感影响或决定学生对行为的选择，以及对该行为的坚持性和努力程度，影响学生的思维模式和情感反应模式，进而影响新行为的表现。

（1）自我效能感强的学生：期望值高、遇事理智处理、乐于迎接应急情况的挑战、能够控制自暴自弃的想法，能发挥智慧和技能。

（2）自我效能低的学生：畏缩不前、情绪化地处理问题、在压力面前束手无策、容易受惧怕、恐慌和羞涩的干扰，其知识和技能无以发挥。

教学中自我效能感的培养对学生的发展是具有非常大的影响的。冼贤老师是我在美术道路上的启蒙老师，在美术学习与教学上，我深受冼贤老师的影响。回忆起初中阶段第一次接触速写，冼老师不断鼓励我们到球场、市场等人多的地方进行写生，作为初中生的我很忐忑，在冼老师的鼓励与帮助下，我勇敢地迈出了第一步。那时候刚接触美术，绘画能力不强，但冼老师总会发掘我们绘画练习中的优点，对我们的努力给予肯定。老师每一次的肯定，都提高了学生学习的自信和坚持学美术的动力。老师经常为我们分享他在教学中成功的案例，让我们看到希望，引导我们往积极的方向前行。初三那年，我参加了一场美术生专业考试。那时候我初次接触水彩画，备考过程中冼老师认真地指导我水彩的作画方法，引导我大胆作画，在那场考试中我考出了优异的成绩。这些经历在我美术成长道路上播下了种子，以行动去证明自己的实力，在美术的道路上走得更宽更广。

在教学中注重学生兴趣的培养，引导学生正确理解美术相关知识，培养学生美术核心素养，通过鼓励的方式提高学生自信。鼓励学生积极参加课余美术活动，积极参加各项艺术相关的比赛，在比赛中获取优秀成绩。培养学生团结互助互爱精神，在学习中敢于发表自我想法，让学生成为课堂的主人。在学习中增强自我效能感，提高学习效率。

三、团队的力量为前行保驾护航

路漫漫，一步一个脚印，我们的思维方式发生了转变。在团队建设中，颜学海校长也强调了团队的力量是强大的。他列举了中国航天科研团队、钟南山呼吸疾病防控创新团队、国家乒乓球队等例子。这些例子说明了团队合作的重要性。颜校长要求我们在教学中也要有团队精神，善于发挥科组组员自身的优点，取长补短，发挥团队的力量。一个人的力量是有限的，团队的力量是无限的。在我们工作室团队中，有着专业强、语言表达能力强、组织能力和摄影设计能力较强的老师，充分发挥了美术的特色。一群有共同爱好、目标明确的人聚在一起，产生了思想碰撞，碰出了火花，氛围就来了。虽然这几天的工作强度较大，但大家并没疲惫感，每天都保持良好的状态。制作推文这一项工作对我来说存在一定的难度。每天完成研修活动之后，用过晚饭，我们每个小组都为自己组负责的推文做准备，讨论推文大致的方向，组长安排每一位组员所负责的项目。从版面的选择、图片的使用、文案的大概范围等做准备，推文完成后再反复推敲、复查格式的变化、文字的大小、文字的错漏、语句是否通顺等。通过组员、组长、助手、主持人的反复检查，一步一步、一丝不苟地修改完善推文。我们每天需要完成学习日志，结束后需要写总结，最后把总结变成推文，这个过程中遇到了很多的困难，例如：模板的使用、图片的插入、字体格式的编辑、使用电脑和手机上修改推文的技术、如何让图片的排版显得更精美等问题，在团队成员和老师的共同合作、相互学习、互相帮助下顺利完成。

团队的力量扩大了辐射的幅度。平日，在冼老师的带领下，我们经常外出写生。刚开始的时候，我的写生能力很青涩，不懂得如何去进行国画写生。外出写生时，身边都是经验丰富的老师和画家。冼老师带领着我县的年轻美术老师跟随国家级、省级、市级和县级的美术家协会，不畏严寒酷暑、蚊虫叮咬坚持每年参加写生活动。经过多年的美育浸润，我们这些青年教师茁壮成长起来。从看不懂、不敢画、慢慢尝试到大胆写生，在美术技能方面有了很大的提高。

"教育就是一棵树摇动另一棵树，一朵云推动另一朵云，一个灵魂唤醒另一个灵魂。"在课堂教学中认真引导学生，培养青年教师，加大辐射力度，就像老师影响了我，我也影响了我的学生。做教育，需要有主人翁精神，需要有教育的情怀，跟着优秀的团队不断优化自我，保持学习的兴趣与积极性。

力学笃行，学以致用

龙惠芳

2021年11月3—7日广东省冼贤名师工作室进行了第一次研修活动，通过这次研修学习，我不但学到了很多教育教学的理论知识和专业知识，还开阔了视野，拓展了人脉，受益匪浅。

随着国家的发展，教育由"技能"转变为"核心素养"。美育可丰富人类的精神世界和物质世界，提升人的精神境界。教师要用积极正面的言行影响学生，使美育细雨润无声般润泽学生的心灵，带给学生正能量。

一、提高职业素质，注重个人发展

通过这次研修学习，我深刻认识到，作为一名教师，不但要掌握一定的专业知识，还要不断学习，提高自己的专业素养，不断更新自己的教学理念，勇于探索，注重个人发展。工作室以优秀骨干教师为培养对象，以师带徒的培养形式，共同开展学科研究、改进教学方法，以促进教师教育教学水平的提高为目的，并推进青年教师专业成长。接过工作室专家代表邓粤军、主持人冼贤老师颁发的学员证书后，我深感责任重大，立志做一名优秀的骨干教师，与大家共同成长。

如何让自己在新课改下的高中美术教学上形成独特的风格，这是一个很值得思考的问题。培训学习中，老师们互相分享了自身总结的宝贵经验，在平时教学中，可以将这些实例运用到课堂中去，将理论知识和课堂对接，因地制宜，充分利用本地各种资源，开展有特色的美术教学活动。

43

二、灵活运用，形成自己的教学风格

我们应以名师为学习榜样，充分利用省名师工作室的平台，抓住机遇，不断提升自己。通过这次培训学习，专家给我们分享了自身总结的宝贵经验，如：粟顺阳专家主持专题讲座《独行速　众行远——山区名师工作室的使命与光荣》。粟局长的讲座为我们明确了教育的方向与目标、责任与担当，脚踏实地地走肯定能达到目标。周念丽专家主持专题讲座《社会生态学视野下的"入学准备"》，周念丽教授用实例给我们讲授了生态学视野下的"幼小衔接"与幼小衔接的重要性。在平时教学中，可以将这些实例运用到课堂中去，将理论知识和课堂对接，灵活运用。

三、注重创新，改变观念

随着21世纪人工智能的发展，核心素养下教育课程改革的变化，教师要改变观念，与时俱进。近日，中共中央办公厅、国务院办公厅印发了《关于全面加强和改进新时代学校美育工作的意见》，其中提出，美育是审美教育、情操教育、心灵教育，也是丰富想象和培养创新意识的教育，能提升审美素养、陶冶情操、温润心灵、激发创新创造活力。因此，教师必须要具有创新思维，让课堂不再局限于传统的讲授式，而是注重体现学生的合作互助、潜能的激发，注重培养学生的创造能力和审美能力。例如：邓粤军老师的《美术课堂视觉思维的探究与实践——以美术高考备考为例》专题讲座。邓老师指出美术高考中普遍存在的问题，从考试能力矛盾、视觉思维学说、备考教学现状、备考的思维导向、问题导向和成果导向的区别、考试能力要求以及速写考试的评分标准等方面讲述了美术高考备考中学生思维创新能力的培养。课堂上有趣的师生互动，让我们印象深刻。邓老师还展示了教师应如何从不同角度去评价学生的作业，如何善于发现学生的闪光点，如何运用不同的方法发挥学生的特长，等等，听了邓老师的课，让我受益匪浅。每年的高考政策要求不同，作为高中教师要不断更新自己的教学观念，不断学习，才能跟得上时代的步伐。

四、以美育人，全面发展

工作室主持人冼贤老师为全体入室学员、学校高中美术教师上了一节示范课，对象是孔子学校高一美术生，冼老师利用图片、视频，创设问题情境，激发学生探索了解《开国大典》《新中国诞生》美术作品的历史背景与作者的艺术表现手法，对学生进行爱国主义教育，教育学生珍惜生活，积极向上，好好学习，将来为祖国效力。课堂气氛热烈，同学们积极回答问题，课堂效果很好。通过这节课，我认识到上课必须要思路清晰，目标明确，在课堂上要培养学生的创新思维和探究能力，养成良好的讨论氛围。让学生在获得必要的基础知识与技能的同时，还要促进学生的情感态度和价值观的和谐发展，培养学生的实践潜力与创新意识。

五、大局意识，团结向上

作为工作室入室学员，应该具备团队精神。大家目标一致、协同共进，工作室的每一个人都发挥着重要的作用，能够凝聚巨大动力。

在工作室研修活动团队建设研讨会上，孔子学校颜学海校长举例阐述了团队如何建设，向学员们分享了他个人的经历与经验，阐述了团队精神就是对大局意识、协作精神和服务精神的集中体现。听了颜校长的分享，我感触颇深，只要大家团结一致、勇于担当、积极向上，就能做出成绩。

在工作室研修活动中的"创新教学案例研讨"部分，冼贤老师为我们分享了他主持的省课题研究的方向与内容。冼老师对学员寄予厚望，希望学员在教学工作中能善于总结经验，多写教学反思，在反思中不断调整教学方法，在探索中让自己的教学科研能力得到锻炼与提升。

在研修活动的"读书分享会"中，学员以分组的方式开展读书分享会，从各自分配的问题中寻找解决的方案，大家互相交流与讨论，发挥个人的长处，优劣互补，得到问题的解决方法。

六、感受本地美育资源的美丽

在金林水乡的采风写生中，我们考察了水乡美景，还有古香古色的特色建筑，例如：丽先谈公祠的建筑外形古典特别，屋内木雕刻精美，顶墙彩绘色彩图案保存清晰。学员热情高涨，用不同的绘画表现手法，去记录水乡美丽的一角。通过这次采风与写生活动，我认为把本地的美育资源融入课堂很重要，但是如何融入值得我们不断去思考。我们应该因地制宜，充分利用本地各种资源，开展有特色的美术教学活动。培养学生观察能力、写生能力、审美判断能力，学习结束后，要充分整合校本资源，创建校本特色课程，开展特色课程的教学。这次写生也积累了很多本地美术素材，为今后的创作积累了有益养分。

学习培训结束只是我的新开始，回来后要把培训学到的知识运用到平时的教育教学工作中去，充分整合校本资源，开展特色课程的教学。教学方面采用多种教学手段与方法，增强学生学习兴趣，以学生为学习主体，训练学生提高、集中注意力。分层次教学，因材施教。注重引导学生开阔眼界，多进行写生训练。采取自主互助教学模式，培养学生的学习、交流能力。

除此，还要加强自身基本功的训练，不断积累经验，不断改革创新，学以致用，做出一点成绩。

改变源于行动

李　祥

　　2022年9月我作为一名援藏的老师由广东省教育厅指派成为广东省冼贤名师工作室的入室学员，因工作地变动与受疫情影响，一直没法参加线下研修活动，冼老师在了解到我要在2023年2月27日回西藏林芝一中支教后，特意为了我安排在2月15日至2月17日进行了3天的线下研修。初次收到通知很兴奋，冼老师特意根据我的假期时间来安排这次的研修时间，还要我上一堂书法课，感受到冼老师对我格外的厚爱，很是受宠若惊。此次研修大大开阔了我的眼界，让我作为一名"插班生"有机会与工作室团队近距离接触，在冼老师身上感受到学习永无止境。

　　初次接触之下，冼老师给我感觉很儒雅，能力很强，各科专业手头功夫都很好，而且冼老师的教研能力也非常强。3天的学习中，感受很多，体会颇深。在研修过程中冼老师有一句话，说：有想法，有体会时，关键要行动。在这些年的教学中，很多思维已经形成固化模式，很多时候自己有想法，却不去做，想来想去最终没去做。现在看到冼老师无论在专业上还是教研上，都远远超出自己，自己为什么会这样呢？其实原因就是没有去做。在孔子学校看到冼老师的大量画作，而且有很多类型，如素描、速写、油画、水彩、国画，可见冼老师在美术专业里涉猎很广，水平都很高，对每个画种都有他自己的理解。冼老师今天的成就也是源自他往日的努力、他的思考以及他强大的执行力。没有平时的思考，不去画，不会有那么多的画作；从画作的水平上能看出，冼老师平时的功夫做得很足。在研修中，冼老师交给我一项任务，多写日记，多写反思，深度挖掘，自己与自己对话。希望自己能坚持下去。想想自己过去，好像井底之蛙，一直停在原地，希望自己能在冼老师的带领下做出改变。

在研修中，知道肇庆地区很多高中高三的美术生都是学校美术老师自己教，孔子学校高三美术生也是自己学校老师教，知道他们的成绩后，才明白最近几年我们学校美术生成绩为什么不理想，为什么会感觉越来越难考。在2015年时，我们学校去过肇庆市高要区新桥中学交流，那时觉得自己专业能力还可以，学生考的成绩也不错。这些年，别人一直在努力，而自己则一直停留在原地。别人已经远远超过你了，所以人家今天才会考得这么好，这都是通过自己努力得来的。

我要改变我自己，努力做到今天比昨天有进步，积极去思考并重新审视自己过往的生活，积极行动，才有可能发生变化，变成自己想成为的那种人。在这里我深刻体会到：冼老师今天的成就都是用自己的行动和努力赢得的。

很荣幸能够加入冼老师的工作室，在这里各位老师专业能力都很强，都有自己的专项长处，我深感自己的不足。我相信在冼老师的带领下，他的领导力、执行力和思想境界，会不断地引导着我们往前走，这个过程也许会很累，但相信回过头会发现很值，因为你比别人努力多了一点点，学到的东西就多一点点。只要每天在积累，一段时间后进步就大了。我深信只要朝着冼老师指明的方向去努力，必定未来可期。

第二章

争当"明"师

争当"明"教师

冼 贤

教师如果不认真探索教育教学的规律和方法，不进行教学创新，就不是一个真正的好教师。我从参加工作起一直坚守在山区兢兢业业地用心教学，虽然在美术教学上有一定的成绩，但是很苦很累，内心一直都在想为什么会教得那么累，而且效率不高呢？穷则思变，刚好有幸成为"肇庆市第一批中小学学科带头人培养对象"和"百千万"，每次培训的内容都丰富而紧凑，有专家讲座、跟岗学习、参观学校、听课交流、同行切磋、文化教育考察，这些学习活动都带给我诸多的思想碰撞，获得的感受和启示也特别多，对在教育新常态下如何凝练独特的教学风格、做研究型的名教师感受最为深刻。

一、专家示范引领方向

第一次集训听专家讲座就让自己受益匪浅，如广东教育研究院的黄崴教授提出：要成为区域的名师，要有不怕苦不怕累的精神，做好教学和科研工作；要有终身学习的目标。广二师古立新副教授阐述要成为名师必须师德高尚、理念先进、视野广阔、学识渊博、业务精湛、学科教学能力卓越，形成个人教学风格，在国内有较高知名度和影响力；同时要拜良师交益友，要学会自我规划和自我发展。

通过聆听各位专家的授课和跟岗实践学习，我明白要成为名师，必须要形成自己的教学风格，要有高深的教育教学理论基础。在培训学习过程中，我不断反思自己教育教学过程中存在的问题：一是只是注重钻研如何提高自己的专业技能，注重教学生学到美术的表现技法，缺乏如何教会学生学习的经验。教学方法没有创新性，未形成自己的教学风格。二是不注重阅读，认为很多新的教育理论和教学方法很高大上，与自己的学科教学无关，所以缺乏开阔的人文视野和深厚的教育教学理论功底。每次学习回来我都在思索自己的教学方法是否能够跟上时代的步伐，开始阅读教育教学方面的著作，不断进行教学反思和教学研究，开始凝练自己的教学风格，多尝试各种教学方法提高教学效率，为培养学生先成人、后成才而努力工作。

二、凝练创新的教学风格

教师不能"老"，经验固然可贵，但课堂上学生的思想行为都是"新"的，教师要以发展的眼光去看待学生。教育教学的每一天都应该是新的，教学需要迎新，创新能给课堂注入活力，创造奇迹。常言道，教学有法，但教无定法，作为优秀教师，不能故步自封，一成不变，要让自己的教学方法常变常新，从而充分调动学生的学习积极性，取得最佳教学效果。《中国学生发展核心素养（征求意见稿）》提到：核心素养是指学生应具备的、能够适应终身发展和社会发展需要的必备品格和关键能力；而其中一个方面自主发展，是让学生学会学习。今后我们的美术教育不只是对美术知识与技能的传授，也需要我们的学生会学习。学会在一定的情境中，运用掌握的知识来解决实际问题，并能用自我的观点和创新精神表达自己的思想，让学生在学习中认识自我、发展身心、规划人生。

闫教授阐述个人教学风格的主要特征：理智型、情感型、幽默型、技巧型、自然型。教学风格应该是教师的一种教学理想、一种教学向往、一种职业期待，从陶行知的思想中，我知道了作为一个美术教师应该具有的风格——好的先生不是教书，不是教学生，乃是教会学生学习。所以我的教学风格应是"教会学生会学习，自主发展"。改变以往由教师为主体学生为跟从，以传统的师父带徒弟，导致学生一直处于被动学习、缺乏自主性、教学效果不好的教学模式。教师作为教学的主导，利用一些教学方法和策略来唤醒学生的学习潜能意识，培养学生自主学习的能力，从跟随学习到学会学习的转变，让学生在学习中成长。在培养独特的教学风格的过程中，注重学生自信心、行为与学习习惯、语言表达与沟通能力、思维能力的培养；让学生在我们教师的引导下，在课堂中能够心动、行动、体验快乐、学会用美术技能有创造性地表达生活与情感。让学生会学习和自主发展，"会学习"的重点不在于获取知识和信息，而在于培养学生的思考能力，在于培养质疑、发现问题、提出问题和解决问题的能力。所带班级的学生学习能力有很大的提高，并在本校美术班进行推广，通过自己和团队的努力，我校美术高考上重线人数从2014届的4人上升到2017届的40人，这些都是进行美术教学研究和进行教学创新后，凝练自己的教学风格并付出辛勤汗水所结出的丰收硕果。

三、争当在于"明"的研究型名教师

古希腊哲学家苏格拉底曾说："认识你自己。"一个人如果能意识到自己是什么样的人，那么他很快就会知道自己要成为什么样的人。在思想上意识到了自己的重要，很快在现实生活中他也会觉得自己很重要。传统的教师观认为一个教师的职责首先是自己理解和掌握教科书所承载的知识与技能，然后将这些知识与技能传授给学生。社会上一直认为只有大学教师才算得上研究型的教师，中小学教师只是知识的传播者、教学行为的实施者，而不是创造者，因为知识是社会提供的，课程是国家规定的，教材是专家编写的，教师只要沿着现成的轨道完成教学工作即可。如果将研究型名教师定位成能够写论文和出版著作，会显得过于狭隘，还应该明白以思想和行动对现行的美术课程内容和教学方法等方面提供新的东西，明白要有批判和反思精神、问题和创新意识；明白名教师必须具有较为丰富的学识，要了解教学研究的程序和掌握研究的方法。

广二师闫德明教授指出"名师"在于"明"而不是在于"名"。真正的优秀教师必须具备三个板块的知识结构：精深的专业知识、开阔的人文视野和深厚的教育理论功底。在参训过程中我不断认识自己，当认清自己的内驱力不足时，在争当名教师的过程中，便会紧跟导师的示范引领，对自己的教育教学工作进行反思，对自己要成为名教师的过程进行规划：一是要自己有内驱力，立足自主发展，做到"迷时师度，悟时自度"，享受痛并快乐着的学习过程。所以在成为市学科带头人培养对象后，我又在2015年参评成为广东省新一轮人才培养工程第二批高中名教师培养对象，接受更高端的学习来提升自己的教育教学水平。二是要明白加强自身教育教学理论的学习，通过购买和阅读教育教学等方面书籍来提高自己的教育教学知识水平。我在省百名师培养时到我国台湾和美国研修过程中了解到，他们没有专项经费开展名教师培养项目，他们的教师要进行专业能力提升，都是自主发展，自己参加相关的教师群体进行教育教学研究来提高自己的教学水平。三是明白要通过凝练自己的教学风格，将风格凝练成自己教学思想，指导自己进行教学创新，让自己的教学思想在一定区域起到示范引领作用。

做一行，爱一行，精一行，要成为一名优秀的名教师，就要不断丰富自己的专业知识，不断开展教育教学研究。社会的发展，本身就是一个不断否定过去、开创未来的过程。从教二十五载，任花开花又落，却一直从事着基础美术教育教学和高考美术教学工作，市学科带头人培养对象的结业不是学习的结束，而是起航，朝着成为名教师的目标艰难前行，为将肇庆教育打造成为南方教育高地而努力！

如沐春风

黎海妮

每一个平台，都是一个崭新的舞台；每一次参与，都是一次心灵的碰撞；每一次学习，都是一次难得的提升！笛卡儿说过："越学习，越发现自己的无知。"欧文也曾说过："环境决定着人们的语言、宗教、修养、习惯、意识形态和行为性质。"由此可见，每个人的成长道路上除了自己努力之外，往往需要一个环境，有时还必须借助他人的智慧与经验，才能使自己的思想鲜活，不断创新。就在此时"名师工作室"应运而生，而我又有幸成为广东省冼贤名师工作室的入室学员兼助手，这使我如沐春风、豁然开朗——它使我找到了学习的动力，为我指明前行的路，让我有了更高更远的目标。

一、扬帆起航

秋风萧瑟，金桂飘香。十一月是一个美好的季节，经过了春的播种、夏的耕耘、秋的收割，我们终于迎来了冬日的暖阳。在这美好的日子里，在这初冬的大好时光，历时多日的期待，我们迎来了广东省冼贤名师工作室第一次集中研修活动。工作室成员初次相聚，我觉得大家非常亲切、平和，大家刚组成一个新团体，对工作室的学习充满了期待。

11月3日广东省新一轮（2021—2023）陆丽梅名教师工作室、冼贤名师工作室揭牌启动仪式在德庆县教师发展中心举行。之后听了粟顺阳专家和周念丽教授的名师讲坛，有了不同程度的触动。下午，参加肇庆市新一轮（2021—2023）中小学名教师工作室建设研讨会，专家们的报告，既深刻独到又通俗易懂，既旁征博引又紧扣主题，既发人深省又生动有趣。他们对学科的前沿引领，让人耳目一新、心生敬仰。让我经历了一次思想的洗礼，享受了一顿丰盛的精神大餐，从中学到了不少东西。这不禁又使我感受到一种荣幸，更大的是一种压力与责任。让我更加明确了脚下的方向：要有专业发展的规划意识。规划是成长的导航仪，有效的规划带来有序的探索、思考和提升。自我的专业规划和践行是一个自我成长的过程，也要善于把握机会积极主动地参与到工作室这样专业共同体的规划中去，借助他人的力量促进自我成长、以自我的力量帮助他人成长，从而实现共同成长。

我们要将这次学习到的理论技能投入实践中去，学会输出，学以致用，并加强共同体发展建设，相互结伴，共同成长，加强广东省中小学名教师工作室品牌建设，充分发挥工作室的示范引领和辐射带动作用。

二、在聆听中思考

11月4日上午是邓粤军老师的专题讲座，下午是冼贤老师公开课，本工作室所有的入室学员及德庆县的高中美术老师到会参与。整个研修活动气氛融洽，研讨热烈。邓老师首先以曾经的"犀利哥"的形象为例，引出讲座主题，再围绕当前美术高考中的考试能力矛盾、视觉思维说、备考的思维导向、问题导向和成果导向的区别等几个方面进行深入风趣的阐述，说明思维的转变与解放在我们美术高考中的巨大作用，深深地触动了我们每一位美术老师的心灵，发人深省。让我们在聆听中思考，思考中有了新感受，思考中找到新差别。通过学习，我深深地感到自身不足，发自内心地觉得迫切需要学习。决心做一个好学的人，善反思、重实践，通过有效学习，持续开阔视野，更新观点，使学习入脑、入心。这样才能使自己站得高、看得远、想得深、抓得准，持续提升自己分析和解决问题的能力，在思考中产生新思路。听着教授的侃侃而谈，反思着自己的实际工作，找准自己的人生目标：爱教育、爱孩子。名师工作室的学习让我沐浴着关爱成长，更让我发现了自己的不足，感谢工作室给我带来的思想上的洗礼、心灵上的震撼、理念上的革新。如：有时我会以学校工作忙碌为借口而懈怠，不能勤于反思，也懒于动笔。在今后的学习中，我会常常反思自己的不足，不断进步。我会好好反思自己的教育行为。相信自己能学以致用，在工作中做到理论联系实际，使各项工作持续迈上新台阶。

三、在实践中提升

11月5日到7日，从工作室团队建设研讨会、创新教学案例研讨活动、读书分享会，到本土美育资源考察与采风活动，不单单在理论上有依据、在实践中有实例，而且又能从实践中回到理论，找到焦点，指导实践，在实践中提高自己的认识，升华自己的理论水平。通过这些研修活动，我发现了自己的许多不足之处，看到了今后努力的方向，也从中体会了一些平时被自己忽略的问题。在今后的实践中，我不再满足于现有的经验，将不断学习、不断思考、不断总结，用理论指导教学实践，研究和探索教育、教学规律，把科研和教学结合起来，努力前行。我将针对自己的不足，以名师为榜样，研究他们的教学艺术和教学思想，为己所用，取人之长以补己之短。

总而言之，这次名师项目研修学习，对我既有观念上的洗礼，也有理论上的提高；既有知识上的积淀，也有教学教研技艺的增长，这是我汲取教育教学知识营养大餐的学习，也是促进我专业化发展的好机会。通过这次的学习，让我获益匪浅，倍感作为广东省名教师工作室助手的那份荣耀感和归属感。它不仅带给我欢乐与收获，让我们更加明确了脚下的方向。我学会了如何在教育教学的岗位上迈好坚实的步伐！

四、教育理论投入实践教学中

将这次学习到的教育理论投入实践教学中去，争做科研型老师。当今时代，新知识层出不穷，知识更新周期不断缩短，每个人都要加强学习并做到终身学习。新课程的实施，对教师的学习提出了更高的要求。实施新课程尤其需要学习先进的教育教学理论，确立符合素质教育要求的教学观和人才观；注意学习有关研究的一般方法的理论书籍，从而能够适应组织学生进行研究性学习的需要。要成为一名研究型教师，就要不断地进行教育教学的反思，只要坚持就一定能够成功。教师要做一个善于研究的人，善于反思的人，经常反思自己教育教学实践中的问题，研究自己感到困惑的问题，养成对自己的教学与教育活动进行评价与反思的习惯，这是教师进行教育科研的基点。可以通过教学日记与教育笔记较好地记录下教育反思的成果，对教师教育进行定位：行动研究。教师应在日常的教育教学实践中积累大量的教学反思笔记，汇总一系列教育教学案例，并且在此基础上形成自己对教育教学实践的感悟、领悟，在实践中始终思考如何使自己的教育教学变得更贴近学生发展的实际需求，更接近新课程改革的要求。

泥土和阳光

朱淞麟

颜料从泥土和阳光中来，比什么都来得沉稳和浓烈。用徐冰在评论靳之林先生油画作品时说的这句话作为本次研修的主题再合适不过。

扎根南粤乡村普通高中美育的泥土，从迷茫彷徨到懵懵懂懂，再到参加省名师工作室之后的若有所思，离不开如冼贤老师这些前辈同行的美育思想浸润与专业技术引领，他们如阳光般照亮我前行的道路，让我在沃土里汲取营养并得以成长。脚踏实地，沐浴阳光，这便是泥土和阳光给我的启示。

一、在德庆县官圩镇冲源村的研修情况

第二次研修也是从泥土和阳光中开始——德庆县官圩镇冲源村。目标自然村坐落在冲源水库上游，依山傍水，宜居，从蜿蜒的山路上山，在山顶远眺，山坳里大片绿色包围着小撮的橙黄色的民居，村道迂回曲折，下山后发现，果然景色宜人。村口若干偌大的酒缸，大大小小，缸口绑着红绸，错落放置，胖乎乎的样子像是准备迎接访客。走在梯田里，不时有鸟儿欢叫着飞过，泥土和花草的芬芳扑面而来，最入眼的便是星罗散布在田里的草垛亭，早上的阳光懒懒地洒在上面，银白色的，很有美感，造型类似莫奈画笔下的草垛，只是冲源村的草垛被水泥柱的结构框架置在空中，像一个亭子，据村民说，这是牛棚，现在作为乡村景观，这样的草垛亭全村有18个。

到达该地后，冼贤老师给我们布置研修任务和介绍冲源村，并戏称每人出一幅作品才能果腹，学员胶先老师答：那半幅作品是不是就可以凑个半饱，我们忍俊不禁。大家也开始熟络感兴趣的景致，能入画的景很多，应接不暇，看

草亭、踏溪流、爬山坡，思前想后便拉着工具开始对景作画，我选择草垛亭、橘黄色屋顶的村委会为写生对象的中景，近景是梯田，远景是翠绿色但偏暖色的大山。这个场景像是要把莫奈的草垛和吴冠中的梯田做个结合才好，我先确定整个画面的色调，以暖色为主，草垛亭、房子、梯田色彩都偏暖，更是同类色。岭南冬天的土地在太阳的照射下呈现出好看的土黄色，因为光照充足，此时种上花卉，春节前后也可用来装点节日气氛。农耕文明果然是刻在中国人的基因里的，对于土地的热爱和利用都到了极致。远处的山是比较沉的绿色，又有些偏黄的色彩，更远处的山是蓝灰色。为了让画面近景更丰富，梯田的几棵树做了体量上的增加，着重还原草垛亭的色彩和造型。现在的作画习惯是先找色彩关系，甚至不考虑造型的铺色，用刮刀比较好，把最亮色的部分提前交代出来，构图已有腹稿，在整体色彩关系建立之后才慢慢造型，整体的画面很重要，开始阶段甚至不考虑局部，细节可以慢慢磨，但画面的整体性更重要，不为细节牺牲整体关系，可以为整体画面关系牺牲细节。

第二天的写生在金林水乡，同样阳光明媚。在第一次的研修中画过这里，比上次的感受更熟悉，很快进入了状态，丽先谈公祠的侧面很吸引我。祠堂是红墙红瓦的砖木结构建筑，侧面看到祠堂墙壁上几何纹的灰塑，飞檐翘角，造型简朴但仍有美学特色。为了突出祠堂之高，在构图上把天空面积做了大量压缩，和墙壁占比悬殊，墙角加了人物作对比，因时间关系，早上没能画完，回来后又凭印象做了微调。画面效果相较而言还算满意，把画画作为一种生活方式，在研修期间也像达清老师一样拿着速写本找感兴趣的内容勾勒，时时研修。冼贤老师也建议大家用创作思维画画，大胆尝试，勇于表现自己，突破自己，对本地区的美育资源深挖，对感兴趣的部分多画。

二、孔子学校的研修情况

之后的研修在冼贤老师的所在单位孔子学校进行，校本研修项目丰富：一是名师工作室研修与孔子学校省级教师校本研修活动思想动员会及孔子学校艺术节活动；二是孔子学校九年义务教育国测美术课听评课；三是高中美术创新教学素描、速写、色彩示范课听评课；四是美术课题研究与教学研究论文指导及修改；五是授业解惑，薪火相传——参观德庆学宫；六是美术创新教学案例分析与指导及汇编。这部分的研修对曾经的我来说是最痛苦的，因为在我的个性中，是惧怕文化学习的，怕考试，怕表达，怕作文，怕总结，唯独除了绘画和阅读。但使我痛苦者，必使我强大。痛苦的思索，才会顿悟人生的真谛，霍金的生命之所以伟大，源于他所承受的非常人所能及的苦痛，只是我们无从知晓，他顽强地活着，延续生命的深度与宽度。直到认识到真正的自己，我才渴望训练这部分的不足，冼贤老师鼓励我迎难而上，锻炼的机会无处不在，你会遇见更好的自己。

现在甚至喜欢上了这部分的研修，冼贤老师分享了他的几篇重量级论文，其中《润泽生命的特教美术教育》——观察美国特殊教育学校的美术教育有感的论文，讲到因人而异的个性化美术教学、体验与感受为导向的美术课堂、个人美术学习档案见证学生的发展，观点深刻且具有建设性。他说通过课堂听课反思、学习感悟、研修心得都可以写就一篇论文，因为反思和感悟及心得本身就是方法论和思维知识。学员应善于及时总结所思所想，形成论文，再将此系列论文形成课题，不断充实课题，最终成为自己的研究成果。在工作室示范带学活动中，由导师冼贤老师和名师助手黎海妮老师分别做了速写人物和色彩静物的示范课。冼老师驾轻就熟的教学形象令人折服，他有非常过硬的专业技术和丰富的美育经验，外化的自信极具感染力，从全面调动学生的学习兴趣到将知识重点融入课堂，看得出学生眼里逐渐开始有了光。要知道由于政策原因，该校学生的文化基本素质并不高。喜欢看冼老师在陌生化的教学环境里开展教学，因为这种课堂更真实，即兴的部分也会更精彩，师生的彼此反馈互动让课堂的学习气氛达到最佳，这种能力反映了一名正高级教师高超的教学水平，以点带面、以问题为导向的教学会迅速让学生进入学习状态，高效学习得以实现。学员黎海妮老师的色彩课，同样是在陌生化的情况下进行的，看得出来，副高级老师黎老师备课能力强，授课效率高、效果好，学生是在享受一堂实践课。教学时，她先用身边熟悉的乡村风景打开学生审美的眼睛，认识色彩关系，拿学员老师的风景作品为例，讲到想画成什么样、为什么这样画、该如何画，创设情境，层层递进，循循善诱，沉浸式的学习很有代入感，学生的求知欲被唤醒。他们的示范课可圈可点，值得我们深入学习。深耕美育课堂，在这片泥土里反复精耕细作，除杂草，看时令，给予充足阳光，科学赋能，相信通过精心培育一定会喜获丰收。我也在尝试如何将两位老师的教学方式运用到教学中，让我的学生感到学习也可以很有幸福感，积小流以成江海。

在评课、论文指导、课题研究、案例分析等环节，冼贤老师同样深入浅出地做出详细指导，他用叶澜教授的"一个教师写一辈子教案难以成为名师，但如果写三年反思则有可能成为名师"这句话为指导引言。对为什么要做课题研究与撰写论文，他总结道：一是解决教学中的问题与困惑；二是专业成长的需要；三是晋级晋升的需要；四是传播思想的需要；五是交流研讨的需要；六是精神追求的需要。又把脉中小学教师课题研究与撰写教学论文困境：教研不足；反思不深；积累不多；时间不够。高质量课题与论文的特征：以实践为基础；具有独立素材；提出独特观点；解决实际问题；学理性与逻辑强；结构完整。从论文写作视角、写什么、怎样写诸多方面对症下药：面向当下学科改革、面向课堂教学；写课堂教学中存在的典型问题；写课堂教学中的优秀经验；写赛课获奖；写公开课；写磨课；写名师观摩课；写听公开课；写高考试题研究。最后提出几点反思积累的建议：自我学习反思；课堂教学反思；学生学习反思；专题反思；教学得失。教学研究之路任重道远，最重要的其实是将方法论反复践行与思索，形成教学成果，再将成果分享推广，这样才能完成最大价值的教学循环。

冼贤老师似聚光灯，学员老师们收获了光。在他的主持下，工作室学员老师12位成员，研修探讨围桌而坐，12人不同思维方式的碰撞，令我想起一部1957年上映的美国黑白电影《十二怒汉》，因为太经典，美、中、俄、日、韩等国均有翻拍版本予以致敬，很喜欢这部律政题材的悬疑电影，不同的是我们不是剑拔弩张、观念顽固的"12 Angry Men"，相同的是通过学员间的多元思维方式不断较量，一些观点和意见达成了多样性的统一，正如《论语·子路》中孔子所言："君子和而不同。"

我们的研修也是谨遵新时代学校美育工作要求执行，国务院办公厅2020年印发《关于全面加强和改进新时代学校美育工作的意见》，该意见确立了美育工作坚持三项原则："坚持正确方向"——引领学生树立正确的历史观、民族观、国家观、文化观，陶冶高尚情操，塑造美好心灵，增强文化自信；"坚持面向全体"——健全面向人人的学校美育育人机制，缩小城乡差距和校际差距，让所有在校学生都享有接受美育的机会；"坚持改革创新"——全面深化学校美育综合改革，形成充满活力、多方协作、开放高效的学校美育新格局。相对而言，通过两次的工作室研修观察，孔子学校一直践行新时代学校美育工作，并走在兄弟学校前列，这离不开教育管理人员的高度重视与大力支持，更离不开如冼贤老师这样的一批孔子学校美育工作者的默默付出，最终挂牌省级名师工作室、省级教师校本研修学校。

研修的尾声是参观德庆学宫。德庆县人文资源丰富，德庆学宫里的大成殿是岭南乃至我国南方现存最古老的孔庙，从旧址开始计算，已有千年历史，历朝地方政府把其视为"人材之有无学术之纯驳"的根本，爱护有加，屡有修葺。德庆学宫大成殿，无论外部造型还是内部结构，都有较高的建筑艺术水准，对研究我国宋元建筑史有重要意义，是岭南元代木结构建筑瑰宝。与广西容县的真武阁，一东一西，一文一武，一天一地，遥遥相对，并称为中国南方古代木构建筑的"一对明珠"。

冼贤老师在德庆学宫讲堂给大家重温了《论语》，孔夫子的准则，现代还适用吗？《论语》流传2500年，影响世代国人，它的经典语句，每一个中国人都耳熟能详，《论语》的真谛，就是告诉大家怎样才能过上我们心灵所需要的那种快乐的生活。我在几年前游历曲阜孔府、孔庙、孔林，感叹于后世对孔子的尊崇和对儒学文化的推崇，世界各地的游客更是络绎不绝。孔庙，是以孔子故居为基础又经过历代帝王的加持而形成了如今面貌的庙宇，里面祭祀的多是和孔子相关的人，有孔家先祖或孔子的弟子，但唯一一位非孔姓的大思想家朱熹也享祀孔庙，位列大成殿十二哲者之一。原因是，朱熹是继孔子之后的儒家集大成者，他将儒家思想理学化，构建出以理为本的哲学体系，是比肩孔子的著名教育家，一生热衷于教育，所至必兴学校、明教化。据方彦寿先生考证，朱熹一生与67个书院均有关，其中创建4所，修复3所，读书讲学47所，著名的白鹿洞书院和岳麓书院由他重建。他的教育思想博大精深，其中最值得关注的，一是论述"小学"和"大学"教育，二是影响深远的"朱子读书法"，"读书譬如饮食，从容咀嚼，其味必长；大嚼大咽，终不知味也""读书之法，在循序渐进，熟读而精思"……"读书有三到，谓心到，眼到，口到"，这点对于现代人就很有启发性。孔子、朱子都是中国古代教师的光辉典型，是当时社会上博学者之一，言传身教，以自己的模范行为感化学生、爱护学生，学生也尊敬他们，他们用教育活动培养了众多学生，而且他们在实践基础上提出的教育学说，为我国古代教育奠定了理论基础。

君子曰："学不可以已。"为人师须力求博学，学海无涯，求学之路异常艰辛，何尝不是历尽泥泞和阴霾，遇到好导师是人生的幸运，但更重要的是发挥主观能动性，自强不息，以研促教，教学相长。更新知识储备需要通过不断学习来实现，知识能为我们带来无穷的力量，带来黑暗中的光明与温暖，痛苦中的幸福安好。我会继续踏上知识的沃土，尽情汲取能量与养分，让知识的阳光照亮我的同时也能照亮每一位学生。

翰墨飘香，筑梦未来

吴达清

一、美育成果展示

2021年12月10日，是冼贤名师工作室所有学员集中在一起第二次研修开班的日子，当天也正好是孔子学校举办的第三届校园文化艺术节活动，我们全体学员非常荣幸地受邀参与、见证了这场精彩纷呈的校园文化艺术节。活动场地设在初中部教学大楼中心的小操场上，半环绕的环境，还有数级台阶，用一面墙体做了巨幅背景墙，淡紫雅致的背景映衬着"百年风华、强国有我"几个大字，显得格外精神醒目。围绕着中心舞台，设有嘉宾席、书法区、绘画区等几个相应的活动区域，一切都井然有序。

这是我第一次参加这么盛大的校园文化艺术节活动，心情非常激动，因为孔子学校是有着高中、初中和小学学制的办学机构，到场的也有许多低年级的小朋友，看着他们稚嫩的面庞，格外让人怜惜。我们学员都不约而同地围着小学生的展示场地，看得津津有味、饶有兴致。这么低年龄段的小朋友就开始这么热爱书画艺术，让我们打心里欢喜。

二、书法艺术，一见钟情

也许是爱美之心人皆有之，记得自己小的时候，好像也有过无师自通的涂鸦。刚上小学一年级的时候，每位同学都有一块用木板拼接涂得一片漆黑的小黑板，上边打两个小洞，用铁丝或麻绳穿过去，用一截布条系起来，斜挎肩上，再配上黄书包，便是标准的低年级的小朋友了。在那块小黑板上我应当学会写拼音、数字和一些简单的汉字，我都没有印象了，但却很清楚地记得一天放学回家，我用粉笔画了一辆很简单的小汽车，还在前面加了两个小方框，那是汽车的车灯。我很惊喜，竟然还可以把自己想到的形象给画下来。于是，趁爸妈干农活还没回家，我把画了小汽车的黑板摆在进门旁边最显眼的地方。可惜，或许太累，或许太晚，爸妈压根就没看到这张画，当然也就没有得到可能的表扬；我自己也许有更淘气的事情去干，也早早忘记了这件事，以后便没再有画画的记忆了。直到很多年后我到省城长沙突然想要选择学习绘画，竟又想起这件事来，只叹时光太匆匆，岁月空蹉跎。

对于书法，我也应是一见钟情的。小学三年级的某一天下午，我在家里任性撒泼，我爸爸正好从县城的教师进修学校学习回来，从书包里掏出一支小毛笔，说是给我的，我立马不哭闹了，欢天喜地地接过了毛笔。现在想想，那毛笔其实是很廉价的，比现在蘸糨糊用的毛笔好不到哪里去，但在那个年代，定也是县里的百货公司的热销产品、现在的"店长推荐"了。现在，看到这么多的小朋友在进行书画创作与比赛，他们一脸稚气、神情专注、心无旁骛，可以尽情地将自己的想法与感受注入笔端挥洒出来，多美好的时代啊。

三、笔墨传情，书写未来

近几年兴起的书法热，让我有许多的疑问和好奇，而现在各个学龄段的同学们会集一堂，现场演示创作书法，其中还有20余位高中学段的书法专业生，真是难得的面对面的交流机会。高中阶段的书法生，他们说基本上是国庆节后才确定选择学习书法专业的，但热情都很高涨，兴趣浓厚，充满信心。在说到他们的任课老师时，他们都扑哧一下笑了起来，眼里充满了喜爱和信任。原来他们的老师是书法专业毕业的，正宗学院派的科班出身，这倒是非常少见，怪不得两个月的学习，他们就很有书法的专业水准了，线条厚重而沉稳，不同帖的用笔与结构都理解得比较到位，基本功也非常扎实。常听说自学书法就等于自废武功，这话当然说得过于极端，但回想下自己的自学书法之路，再和这些同学比起来，好像还确实如此。书法学习中技术动作的引领示范与精神内涵的揣摩领会，是需要有好的老师领进门的，否则就会剑走偏锋，不得要领，所以说"千军易得，一将难求"啊。

古训有云：取法乎上仅得其中。可喜的是包括低年级的同学，他们的选帖已经全是传统的字帖了，多以唐宋及以前的经典碑帖作为取法学习的对象，篆隶楷行皆有，一洗以当代人书写的书法教材作为临习对象的陋习。在场的一个小女孩引起了我们的注意，她已经是书法班的专业生了，她说从小家长就让她练习书法，从篆隶楷行一路学习下来，学的都是经典的碑帖，要求也很严格。现在她写的是行书创作，作品行云流水、酣畅淋漓，长时间的传统经典国学文化的浸润，举手投足间天然焕发出一种出尘脱俗的气质，真是美貌与智慧并存。于是，我想很多家长应该都明白这一点，让小朋友从小就开始学书法，不只是出于叫他们把字写得好看一点、把考卷写得干净整洁点这样的功利性目的，也不是将来要当一个有名望的书法家这样远大的目标，而是希望他们从小就学习祖国的经典文化，感受传统文化魅力，在潜移默化的熏陶与修行中，磨炼他们的意志，培养他们的智慧，涵养他们的性情，养成一种凝神静虑、专注投入、细心从容、朴实大方的气质与品格，最终"由善入美，成就全人"。

对于当前的书法教学碑帖的选择，尤其在润泽富饶的祖国南方地区，我还有我自己的一些遐想：如果能引导同学们多多学习雄强阳刚一路的碑帖，对他们的精神气度与人格品性的培养，对国家与民族自强不息与浩然正气的精神面貌塑造将大有裨益。清末的梁启超就曾大声疾呼"少年强则国强"，而康有为在书法取法上则力推魏碑，认为魏碑有十美，"一曰魄力雄强，二曰气象浑穆……"他期待国人通过对碑刻的学习，达到强其筋骨、雄其气魄，实现强盛中华民族使之矗立世界之巅的目的。是的，笔墨当随时代，因为时代的变迁、审美趣味的更迭，不同时代对传统碑帖的选择也会有不同的偏倚侧重，世风使然。我记得在我小的时候，柳体的热度还是很高的，那种骨力和张力，在物质十分匮乏的年代，定能给人们带来许多的安全感。近些年来，褚遂良等精美典雅一路深受欢迎，然太过追求精美则易导致圆媚而羸弱、浮夸而轻滑。因此不妨多引导同学们学习雄强阳刚一路的碑帖，比如盛唐时期的颜真卿、柳公权等中晚年的经典作品，还有魏碑、汉隶、篆籀等，比较著名的有《颜勤礼碑》《颜家庙碑》《玄秘塔碑》《龙门四品》《张迁碑》《石门颂》《泰山石刻》《散氏盘》等。

我们这个时代，最需要呼唤的是有担当和责任的少年！有骨气和魄力的少年！有血性和韧劲的少年！"少年智则国智，少年富则国富；少年强则国强，少年独立则国独立……"这是时代永恒的旋律！

敢问路在何方

杨 琦

即将步入不惑之年的我，在职业发展的道路上仍时常困惑，原先仗着年龄优势与娶妻生子的紧凑生活而无暇思虑、无的放矢，然而沧海桑田时过境迁，随着教龄不断增长，这几年我开始思考自己将何去何从，几度风雨几度春秋，终于在加入广东省冼贤名师工作室后逐渐明晰起来。2021年的时间列车正驶向终点，疫情当下，在冼老师的多方联系与周密准备下，我们的第二次研修活动得以顺利开展。

一、采撷万千花蜜，播撒育人花粉

12月9—19日，终于盼来了广东省冼贤名师工作室第二期研修。10天的研修内容精彩纷呈，有艺术节活动、美育资源考察、九年义务教育听评课、创新教学示范课、课题研究与论文写作指导、参观德庆孔庙、创新教学案例分析与指导课等。每一天的研修都有各自的主题，分别针对高中美术教育教学中的重点内容展开，作为学员的我仿佛回到了学生时代，在知识与技能，过程与方法，情感态度与价值观等方面接受冼贤导师的精神洗礼，教学理论与教学技能两方面都得到熏陶。与其他学员的相处也很愉快，大家都很珍惜这得来不易的学习机会，课后的时间也经常在一起交流探讨，分享各自的问题与收获，我们中大多数人都住在一起，交流起来也很方便，大家年龄相仿彼此信任，没有矫饰，没有距离，在这10天里，每一天都恨不得掰成两天来过。

二、听课中求索，以"问题驱动"模式构建美术课堂的生机

在这期研修活动中，记忆特别深刻的是冼贤老师给我们带来的两节高中美术特长班教学示范课。课的内容对应我平常工作中的重点，自然是我十分关注的。我关注的点不在内容而是过程，在普遍的专业课堂上，课堂教学更多侧重知识的讲授和学生机械式的训练，由此形成了"灌溉"式课堂教学模式，很大程度上挫伤了学生学习的兴趣和积极性，影响了学生对知识的探索与追求，这些浅表的知识"灌溉"，无法深入和迁移。而在这节课一开始，冼老师以问题驱动，以广东省美术模拟考的试卷为切入点，引导学生思考与分析怎样的画面才能拿高分，这一问题直击要害，马上吸引了所有学生的注意力。紧接着，又以问题驱动，逐层引导学生关注素描造型方法的基础知识，创设了诙谐有趣、启迪思维的问题情境，串联起由基础认知到新知识的延展脉络。

我注意到冼老师的课堂很注重与学生的交流，善于以提问来带动教学内容的发展，而且始终气定神闲，不紧不慢的语速背后却是对"问题驱动"的精心设计，他对问题驱动的设计有如下特点：①明确的指向性；②渐进的梯度性；③思维的开放性；④成长的体验性。学生在问题的驱动下，通过观察、对比、分析、讨论，探讨素描石膏头像在造型方面需要学习掌握的知识要点，解决了在主动观察与客观表现上存在的诸多问题，建立起系统的观察方法与作画思路，比如水平线与垂直线的对比观察法，联系几何体结构对复杂形体的归纳与分析处理等。在问题驱动模式下，我们看到了以学生为主体、以教师为主导的"生态"课堂，学生有充足的思考和探究空间，教师借问题引发思考，用问题激发探究，整个课堂在师生、生生间的讨论争辩下，构建起了伙伴型的师生关系。

在冼老师做课堂示范的时候，依旧是互动不断，无论是构图中的定位与比例，抑或是写生中结构形态的理解与归纳，都将学习内容与可观、可感、可体验的直接材料和经验相结合，帮助学生在具体情境中与已有认知建立联结，通过与学习材料、伙伴、教师的互动，实现知识与能力的深度建构。

在线上课程大行其道的今天，传统的线下课程在冼老师的"问题驱动"模式下发挥了不可替代的作用，"问题驱动"以学生为中心，用"问题"做纽带，通过与学生的讨论和探究，教师的及时点拨与评估，最终形成问题的解决

方案，这种操作模式突出了对高中阶段学生思辨能力的训练与培养，也符合当下提倡的"培养学生核心素养的形成"教育理念。

三、拥抱自然，在写生中锤炼技艺

记得有位朋友说过，写生就是因为他"生"，我觉得这话说得既好玩又有哲理。每一次外出写生，置身于陌生的环境，感受陌生世界的力量，总会发现一些新的东西，这些东西往往又能触动我做新的尝试，用画笔去构建一个崭新的图式，并希望寻求如野生一般的自然美感，这大概就是写生的诱人之处吧。

冼老师对待写生也是身体力行，无论课堂内外，他始终对写生充满无比的热情。我们也在这种热情的感召下，驱车来到距离县城22千米外的冲源村，置身于学员朱松麟所说的充满"泥土和阳光"的沃野，拥抱自然，对景"书"情。大自然的美感，可以在不同时间不同场合下呈现出来不同的色彩基调，不同的光线气氛，捕捉这朦胧中的印象，追逐特定时空中的特定感觉成了我们最大的乐趣。因为少了概念和程式，每一个形、每一笔色都是鲜活的。在清醒中保持最初的笔触，在随意中获取即兴的触动，这是一个牵动着我们每一个热爱写生者的全部感情，充满着魅惑，也充满着奇遇的创作之旅。冼老师也曾语重心长地对我们说，希望我们以创作的眼光看待写生，在对大自然的观察中发现新的题材，加深对生活的理解。我想起了马列维奇的话，客观世界的视觉现象本身是没有意义的，有意义的是感觉。所以，冼老师是希望我们的写生不是"书写"性地描述客观现实，而是"写作"，是有感而发的创造，是对眼之所见的提炼与升华。

研修期间除了导师，我在其他学员身上也汲取了不少养分，学员伙伴中有被大家笑称"国手"的吴达清（汉语言专业半路出家如今修成中国美术家协会会员），有来自广宁一中的县名师工作室主持人张宝山，有来自高要新桥的油画好手朱松麟，有来自肇庆高中第一学府低调内敛的翟康辉，还有集美貌与智慧于一身的黎海妮，活泼而干练的丁皎先，时常微笑中带着羞涩的侯小玲，每天深夜仍在灯下笔耕砚田的肖泽垫……他们都是我学习的榜样。从第二期研修结束到今天已半月有余，一别之后，两地相思，同室的小伙伴们依旧每天在微信群里畅所欲言，有忙碌工作之余的"牢骚"，也有生活境遇中的"感言"，这里也是我们研修活动的"第二课堂"，时不时会看到导师与学员的知识分享，问题互助，经验交流……在这里，大家无拘无束、互相陶冶、相互成就，愿我们在冼贤大哥的带领下，研修路上不仅是学习合作，更是相互提高，不是赛跑，而是爬山。一番番春秋冬夏，一场场酸甜苦辣，敢问路在何方？路已然在你我脚下。祝此群长青。

他山之石，可以攻玉

侯小玲

2021年12月9—19日是冼贤名师工作室所有学员集中在一起进行第二次研修活动的时间。这一次学习的内容同样丰富实用，对于一个求知若渴的年轻教师来说帮助是很大的。在这一次研修中，给我感触最深的就是外出写生这两天的所见所闻。

走进原野，才能饱赏春天的美色；融入江河，才能感知夏水的温柔；采摘硕果，才能品尝秋天的味道；走过寒冬，才能感知春天的温暖！第一次研修时也安排了写生项目，但自己还没有完全领会其中的意韵。在本次研修活动中让我惊喜的是看到导师和其他学员的优秀绘画作品，特别是看到冼贤老师给我们示范与评画的环节；还有吴达清和肖泽堃老师孜孜不倦地抓住稍纵即逝的时间来学习的事，我醍醐灌顶似的明白了"拳不离手、曲不离口"的真正意义。

在此次培训中导师带着学员结合德庆县的地区特色，深入当地生活文化资源（如冲源酒乡、金林水乡等），为我们美术教师静下心来体验生活、潜心创作提供了更好的场所，更让我明白了写生为创作提供的力量源泉，积累了丰富的创作素材，提高了自身的审美感受。

一、类比学生临摹的方法写生

回想当时写生的时候，起初自己是毫无头绪的。通过观察示范、欣赏其他学员的优秀作品，自己渐渐有了创作灵感，在创作过程中更加体会到自身的不足、方法的欠缺。同时，也认识到写生是需要临摹与写生的有机结合，让作品更富美感。

在日常教学过程中，学生在学习一门新的美术专业技能的时候，都是从临摹开始。以己度人，不禁让我产生疑问，临摹的方法是不是不对？为什么临摹可以画得很像，而一到写生就不能让实景跃然纸上，更做不到举一反三？

我细细反思，在教学过程中，强调临摹是学习书本里别人的表现形式而不是复制粘贴，要在临摹的过程中加入自己的体会，才能在写生时得心应手。既然可以把书本的作品临摹得很像，说明造型上不会有太大问题，那么不会写生主要是不会塑造。在绘画的过程中要用双眼观察、用头脑思考。画画动脑比动手更重要，要怎么想就该怎么画，这样才能画出来，而不是机械地去复制。

1. 培养观察方法

有正确的观察方法是学会写生的关键，面对纷繁复杂的物体，很多时候感觉无从下手，从习惯上只关注物体某一个局部，这样的观察方法肯定很难准确地描绘对象，也不能提高绘画能力。在绘画中，我们应该充分发挥整体观察和局部观察的优点，两者缺一不可。比如画一个物体，要先把最基本的特征表现出来，后期绘画的过程就会不自觉地加入很多自己的感受与不同的表现方法，画面呈现出来的美感是让看画之人能感受到其中的意韵。比如在看朱松麟老师和杨琦老师的作品时，你就可以感受到他们的绘画能力的高超，还有对写生的热爱。

2. 学会概括和提炼

写生的目的之一是要准确地抓住对象的特征、形态甚至神韵。我在写生的时候往往被对象束缚着，只会单一地描绘，画出来的作品索然无味。看冼贤老师在水彩示范的时候，发现他是先概括所画的对象，再去丰富细节的。也许这就是把"第一感觉"表现出来，从对象中概括出最能传达对象特征的形象；其次在深入刻画过程中要学会抓主要内容，删去细枝末节和破坏整体的东西；最后体现画面的主体特点，适当地无中生有，使画面更加生动。就好像黎海妮、龙惠芳、区碧蕾和丁皎先这几位老师，他们会在自己画面中适当加入人物、树木等，以更好地体现画面的中心。看了优秀的作品，要自己去分析画面，跟着某个阶段最好的那张画的标准去学习。这样就能明白该往哪方面用心，总结出最适合自己的学习方法。

经过这次研修活动，让我体会到要合理利用自己身边的资源，多出去写生，从而把自己的写生经验分享给学生，让学生在临摹的时候学到优秀作品的表现手法并运用到自己的画面中去。

二、写生可以提高画面表现能力

阿恩海姆曾说过艺术家的优越性在于："他不仅能够得到丰富的经验，而且有能力通过某种特定的媒介去捕捉和体现这些经验的本质和意义，从而把它们变成一种可触知的东西。"我认为这种能力就是"技巧、技法"。技巧的提升应该建立在对对象的第一感受上，然后把这种感受加以提炼、表现，最后呈现出画者的绘画能力。本次研修活动中张宝山和黄清华老师在画同一景色时，他们会用自己的第一感受去表现画面；还有翟康辉老师画那一道扇的画面，作品中就是他对破旧木门的加工呈现。

首先，在写生中培养独特的感受力，是提高造型能力的方法，也是学会创作的要点。这建立在观察和感知的基础上，比如在观察中感受到对象的线条、明暗、色彩、物体之间的关系等。通过写生，可以直观地感受到这些形式的组合，从而提高自己的塑造能力。

其次，在写生中锻炼绘画技巧，是提高造型能力的关键。在日常的美术教学过程中，临摹占了很大的比例，临摹是学习别人的方法。而写生更注重把对象通过自己的观察、分析、理解、概括画在纸上。在风景写生中，学员要对自然景物有敏锐的感受，这时更需要学会如何处理画面，比如构图，线条、色彩的运用，比例的掌握，光线的变化，透视的规律等。通过在写生中自我的主观处理，能锻炼自己的绘画技巧，从而提高造型能力，进行大胆的创作。

"路漫漫其修远兮"，在锻炼学生写生表现能力的同时，更要注意保护和发展学生创造的才能。艺术的创作往往来源于生活，是自己对生活的最直观的感受。所以我在日后的美术教学中，作为学生的引导者，除了要激发学生学习美术的兴趣，树立学生的信心，更多的是要引导学生去细致地观察生活、体验生活，做更多的积累。冼贤名师工作室的2021年第二次集中研修活动完美谢幕，但自己学到的东西对自己的教学生涯的帮助才刚刚开始体现。

学海翱翔

肖泽堃

　　时光悄悄地来到了2021年岁末，就像荷叶上的露珠，不经意间悄然滑落！在2021年结束之前圆满完成了第二次集中研修课程。比起第一次集中研修我感觉到我们更加熟悉彼此，配合更加默契，相处非常愉快！不变的是每次集中研修下来满满的收获。

　　在自己十几载的教学生涯中，自我感觉每次走上讲台内心难免激动、忐忑。有这样的感受也许是对自己专业能力、语言表达的不自信，对课堂成效的不确定性等导致。但在冼老师的示范带学《速写动态写生——打形与线条的运用的重要性》一课中，我感觉冼老师更像一部电影的总导演、总编剧。故事怎么开头，过程怎么跌宕起伏，最后的结局完全牢牢掌控，而且非常讲究上课的"艺术"。整个过程从容淡定，娓娓道来，气定神闲，充满自信。其中在提问环节中同时请两位学生起来以辩论的形式展开回答，我深受启发。两位同学各持己见，思想上发生碰撞，带动所有同学进行思考，是非常活跃的上课形式。我进行了深刻反思，运用这种提问形式的意义如下。

一、课堂形式以教学目标为前提

　　上课的形式本来就可以多种多样，而且可以不断创新。课堂形式虽然可以变化多样，但是不能盲目追求课堂形式的表面热闹。课堂形式的设立应该紧扣教学目标。课堂形式的热闹也不仅仅体现在公开课、示范课、汇报课中，而是贯穿到平时的每一节课中。这也许有难度，但是当一个教师把课堂的设计、课堂的热闹当成一种习惯，甚至形成了自己独特的教学风格的时候，课堂的驾驭也会变得非常轻松自如。"以学定教"不仅仅是一句口号，而是教师经过多年的教学实践，总结出的教学规律。它主要是指课堂教学形式应该按学生的需求和认知规律来展开。应高度重视学生的参与性、互动性，紧密结合学生的生活经历和实践。通过教师完善课堂设计，改善教学方法，从而提高教学效率。使学生在相对轻松民主、紧张有序的氛围中，学会学习、学会知识、学会成长。宽松、和谐、民主的学习环境容易发散学生的思维，使之更加享受课堂，而单调、压抑、沉闷的课堂只会让学生昏昏欲睡，更加谈不上积极参与课堂思考。教师应尽可能地使学生轻松、愉快、自如地去表现，给学生展示自己的舞台，发现学生的闪光点。让学生精神饱满、积极投入课堂上，真正实现快乐学习。冼老师这节课很好地体现了这一点，课堂形式紧扣教学目标、教学重难点。让学生真正地在丰富的教学形式里获得知识，在教学形式的设计中注重学生的主体性，给学生充分展示自我的时间及空间。

二、好的课堂气氛靠师生共同营造

顾远明先生在《教育大辞典》中，极富权威地阐述了"课堂气氛"，是"师生在课堂上共同创造的心理、情感和社会氛围"。由此可见，"课堂气氛"是师生心理，情感和社会氛围的综合状态。

另一具有代表性的"课堂气氛"分类研究方法是根据课堂内成员之间的互动性质，将课堂气氛分为"竞争""合作"和"个人主义"三类。冼老师的辩论式提问明显属于"竞争型"。学生各自表述着自己的观点并对对方的观点提出不同的看法。你来我往，很是激烈。课堂气氛没有好与坏的区别，只有合不合适。因为不管是"竞争""合作"还是"个人主义"都是开展班级群体学习的手段，它们适用于不同的教学情境。冼老师作为教育界的"老炮儿"经验丰富，不仅使用多种教学策略，而且会根据自己的教学需要，不断地营造和调整有益于学生身心发展的课堂气氛。

教师是影响课堂气氛的中心人物，教师在课堂上的每个细节都影响到学生的心理变化。比如老师的支持性语言、引导性语言、鼓励性动作，包括一个肯定的眼神、一个肯定的表情、适当的表扬对学生都是莫大的鼓舞。表扬学生要用词得当，选择适当的时机，把握好尺度，善于发现学生的优点，及时表扬。教师应该乐于表扬，多发现和表扬学生的优点，学生得到表扬后更加有信心和勇气参与课堂，更有利于营造积极的课堂气氛。同时教师的个人品质和魅力也深深地影响着课堂气氛。孙多民认为，"教师的个人品质对于创立课堂气氛有很大的关系"。因此，应"发挥教师的人格力量来制造气氛"，与学生建立情感，对好生不偏爱，对差生不歧视，尤其是对后进生的"照顾"体现了教师的责任感、耐心。班上非常优秀又积极发言的学生本就不多，尤其是在高中阶段，大多数学生上课比较沉闷。需要教师去调动学生上课的积极性，从而跟上教师的节奏。因此只有后进生也感受到了老师的关注后，整个班级的课堂参与感、参与度才能大大提高。当教师能够以高尚的品格、乐观的情绪、无私的爱心去与学生相处的时候，良好的"课堂气氛"也随之而来了。这些在冼老师的课堂上都展现得淋漓尽致。

三、观点冲突，引发思考，百花齐放

学生观点上的冲突，激发学生探究的兴趣。带动大家一起思考，百花齐放。苏联教育家乌申斯基提出："没有丝毫兴趣的强制性学习，将会扼杀学生探求真理的欲望。"可见，激发学生兴趣的重要性。在两位同学持有不同观点回答问题时，其他同学也会被影响，对两种观点表示赞同或反对，理由是什么，等等，带动其他同学自主学习，共同探究知识的兴趣。据我观察，在两位同学的带动下，同学们思维活跃，积极思考，表现出浓厚的兴趣。另外，一张优秀的美术考卷本来就没有对错，没有标准答案，只有画面美不美。每个同学对事物的看法不一、观点不一、角度不一、表现手法不一，呈现出来的画面效果当然千差万别。所以尽管辩论双方各持己见，不分伯仲，但给我们提供了更多的可能性，开拓了学生思维。倘若由老师把自己的观点强加给学生，让每个学生按照老师的观点去画，"百花齐放"何从谈起。在高中美术学科核心素养中，包含了创意实践，就是为了培养更多具有创新精神和能力的美术生，而不是只会重复和复制的学生。具备创造美的能力，用美的形式、手段来改造世界。创新首先是思想观点上的与众不同，其次就是表现手法上的不同。在创意实践这一学科核心素养中很好地体现了我们要为国家培养什么样的人才，在素质教育中，把培养学生的创新精神放在首要的位置，是学生个人发展的需要，也是整个社会进步发展的需要。在美术教育中培养学生的创新精神和实践能力方面是其他学科不能替代的优势，可以说

美术课堂是我们培养学生创新精神的主阵地。

听了冼贤导师的示范课后我看到了自己的差距,作为青年教师的我,在平常的课堂教学中,在提高课堂效率,安排合理的教学设计,最终形成自己独特的教学风格等方面还有很长的路要走。

好知好学，切问近思

翟康辉

12月中旬工作室开展了本年度第二次集中研修活动，活动内容丰富，时间安排相对宽松，听课、评课、参观、考察、论文及课题撰写指导等，从理论到实践每个环节都不落下，学员不但在专业技能上有所提升，在专业理论及修养上也是受益匪浅。

一、做有情怀的教师，让教育充满温度

我工作的学校没有艺考生，教授艺考还是十几年前读研时为了挣点生活费在培训机构打工的那点经验。艺考培训机构目标明确，只注重技能性的应试教育，在教学当中很少关注学生的美术综合素养。回想当年自己的艺考之路其实也一样，除了每天机械式的训练，关于美术的文化性知识了解甚少，更别提能知道多少关于美学、美术史论的知识。至今让我耿耿于怀的是我研究生面试遇到的尴尬一幕，当时面试导师问我喜欢哪位油画艺术家，我竟然只知道杨飞云，从导师的表情中我已猜到因为我的孤陋寡闻可能会让我失去了公费读研的机会。结果是可想而知的，从那次惨痛的经历开始，我就非常注重我的艺术理论及修养的提高。读研时在培训机构教授艺考生，我会有意识地提高他们的眼界和知识面，不过因为要遵守培训机构的课程规则，实际上我能做的少之又少。很多人认为艺考教学主要是对学生进行专业技能培训，那些关于艺术修养与思维品质的东西似乎与艺考教学没什么关联，可当我听完冼老师的素描示范课时，我才发现原来艺考专业课可以这样讲。当天的素描示范课冼老师先是通过赏析广东省模考优秀试卷导入，接着开始播放同学们自己的平时作业，同学

们通过对比发现自己的不足。冼老师把课堂完全交给了学生，通过由浅入深的积极引导提醒同学们围绕本节课重难点赏析作业、发现问题。有部分同学比较活跃，无论对错都敢于回答老师的提问，但是还有些同学性格相对内敛，课堂表现力度不足。其实每个班级都会存在学习有困难的学生，可能是自己知识储备不够，抑或是不爱表现，冼老师在课堂中很敏锐地注意到这个班级的特点，并没有为了课堂流畅度而放弃这些学生，耐心地循循善诱，通过语言引导帮助这些学生理解知识，树立他们的自信心，让学生的自尊心得到很好的尊重，这充分体现了冼老师由美入善的育人理念。冼老师还特别重视学生学习自信心的培养，通过实际案例告诉同学们要树立远大的目标和理想，只有不断努力才能创造更多的奇迹。

冼老师的课堂富含着博爱、包容的教育情怀，让平凡的专业技能教学也能散发出适宜的温度，教师真正做到有教无类，不放弃任何一个学生，学生不管有着怎样的性格都能得到尊重，不管知识储备是否完备都能得到鼓励，真正把立德树人的要求贯彻于课堂。课堂上学生热情地与教师互动，课后评价时同学们那对教师充满崇拜的目光，每一点一滴的影像都深深地打动了我。只有热爱教育的教师才会有如此的教育智慧，只有充满温度的课堂才能如此和谐。

每个人对于情怀的理解或许都不太一样，我个人以为教师的情怀就是对于职业的热爱和对专业的精益求精，当我看到冼老师在课堂上游刃有余潇洒地示范或讲解，他所散发出来独特的人格魅力，以及对课堂超强的掌控能力真是让人敬佩又羡慕，只要他拿起画笔开始画画，身后就从不缺少围观者。一名教师若不是出于对教师职业的热爱，如何能够做到几十年如一日奋斗在教学的第一线；一名教师若不是常年对专业勤修苦练，又如何做到往那儿一站就是学生的焦点。这种充满温度的教师情怀，在我聆听了两节冼老师的示范课后，感触更深。

二、从优秀走向卓越，力做研究型教师

教师的专业成长包含专业技能和专业素养，作为专业课教师，我们必须要有过硬的专业技能才能更好地教授学生；要不断地提高自己的专业素养，才能在教育中不断创新，这也是冼老师每次研修除了安排我们学习理论还会带大家采风考察的原因。

优秀的教师首先是充满"爱"的教师，苏霍姆林斯基说"没有爱，就没有教育"，我相信我们每一位学员正是因为对教育充满了爱才会选择这份职业。集中研修那些天，我们很多老师依然放心不下自己的学生，每天通过电话、微信的方式关注学生的学习状况，但我们每一位老师又深知参加学习是为了自己能够从优秀走向卓越，以更好的姿态教育出更优秀的学生，学习"充电"是我们从普通教师成长为研究型教师的必经之路。

外出考察采风那两天，冼老师带领学员一起写生作画，从早到晚学员都如饥似渴地画着，水彩、水墨、速写、油画，使用各种工具材料的都有。无论最终的作品是否完整，大家都十分珍惜写生的时光，把写生当作提升自己专业技能的重要机会，学员在绘画理论与技法上相互探讨、互相帮助，整个团队共同成长、共同进步。

要做一名合格的研究型教师，我们还得从专业素养上不断提高自己。本期研修，冼老师安排了一个活动，即创新教学案例分析与指导。在集中研修之前冼老师就已经下达任务，每位学员都要上交两篇创新教学案例和一篇教学论文，直到大家集中后才知道自己交的其实是教案，教学案例与教案根本不是一回事。至此，我们才发现要想成为研究型教师并不是想象的那么简单，要学习的东西实在太多了。针对教学论文与课题的撰写，冼老师也是做了大量而细致的准备工作，为学员讲解如何选题、怎样撰写，连论文的基本格式都给大家详细列举，还把自己发表的论文发给学员以供参考。如此近乎手把手的指导，为学员走向研究型教师指明了方向。在观看冼老师发表的专业论文和他讲述撰写这些论文的背后故事时，我们深深感受到一个真正热爱教育、充满教育家情怀的研究型老师，是如何让自己从优秀走向卓越的。在我们的工作室学习群里，吴达清老师说过这样一句话："要是我们读书时，甚至刚上班时就能听到冼老师的讲座，发展就不一样了，好在现在我们都赶上了。"在职业发展的道路上，如果你能遇到一位好老师，胜过自己钻研十几年，吴老师其实说出了我们所有学员的心声。

三、发挥引领，勇于担当

工作室中的很多工作对我们来说都是首次尝试，但是大家都不曾推托，这份认真又不服输的精神深深地感染着我，特别是两位已经具有高级职称的工作室助手，她们作为冼老师的左膀右臂，不仅承担多位入室学员应该承担的任务，还要做许多工作室统筹的工作，冼老师也是在多个场合表扬两位助手能以身作则，对全体学员起到引领示范的作用。

工作室揭牌仪式时有多位教育专家和领导在讲话中提到，名师工作室的重要职责就是发挥引领作用，带动一方教育，这既是明确省名师工作室的工作重心，也是给予工作室实实在在的压力。工作室主持人和两位助手都是我们入室学员的榜样，而作为省名师工作室的入室学员，我们更要懂得尊重自己的这个身份与这份荣耀。打铁还需自身硬，要想做到带头示范的作用，工作室每一位入室学员要学习的东西还有很多。专业理论的宽度与深度，专业技能的维度与精度都需要不断提升，工作室已经为我们的成长做好计划，接下来我们就是努力成长、勇于承担，把我们的工作室及学员真正打造成引领一方教育的标杆。

榜样之光

区碧蕾

《论语》中记载孔子名言："其身正，不令而行。"意思是做人必须先自正，才能正人，进而才能影响别人。榜样的力量无穷大，默默传递正能量，润物细无声。在广东省冼贤名师工作室2021年第二次集中研修活动中，有太多感动的画面，有太多的感悟。从专家的讲座、本土美育与写生活动、初中与小学示范课的展示、集体备课、冼老师与学员助手的示范课、创新案例的分析、论文的修改、课题研究与撰写论文讲座等活动中，我不断接受新的思想与知识，反复思考，激发起更强的求知欲。在评课中，冼老师、学员与自己的发言，一个一个不同的观点发生了碰撞，猛烈地撞击我的心灵深处。可见，榜样的力量无处不在。

一、榜样的力量无穷大

当我们为第二次研修活动做准备工作的时候发生了一段小插曲，当时因为这个特殊情况研修活动差点就要搁浅。当听到这个消息的时候，我的心情犹如晴天霹雳，手头的工作也没法安心进行了。可是冼老师并没有表现出一丝放弃的念头。他通过多次努力沟通，协调并解决了问题，让我们第二次研修活动得以顺利开展。在冼老师身上，我看到了一股力量，在困难面前永不退缩，勇往直前。我深深地感受到这种力量会带给我们不一样的结果。在研修活动结束后，我一改以往怕苦怕累、拖延慵懒的状态。刻苦把自己手头的工作，认真高效地完成。在这个过程中，我感受到自己真正的变化。那是榜样的力量促使着我前进。榜样能指引我前进的方向。

二、善于发现别人身上的闪光点，让自己变得更优秀

古语有云："见贤思齐焉，见不贤而自内省也。"开始我很好奇，吴达清老师，这么年轻的一位老师就成为国手，是怎么办到的。冼老师说："与年龄无关。"在研修中我发现吴老师去到每个地方首先会阅读书籍，去到哪里都会讨论一些当地与美术相关的问题。吴老师的手上总是拿着纸和笔，能做到随手画。如冼老师、吴老师，专业能力、综合素质那么强的老师都如此勤奋，而且这已经是他们的常态了。这再次引起我反思，回想自己十几年的教学生涯，偶尔会出现自我感觉良好，做事不够尽力的时刻，在学习中会存在懒惰的行为，不够自律。像我们最年轻的朱淞麟老师特别好学，对色彩特别热爱，从他的画面和言语间流露出他对美的追求；在听课、评课环节中杨琦、翟康辉、黄清华、张宝山等老师提出的独到见解，给我的教学带来了新的启发；黎海妮、侯小玲老师的文字组织能力很强，有自己别具一格的思维方式，对办公软件的使用非常熟练；丁皎先老师工作态度认真、细致，有条理、有耐性；龙惠芳老师做事严谨，电脑修图非常专业；肖泽堃老师热爱书法，每天研修结束后都坚持练习书法。在研修中，团队成员间加深了了解，我看到了团队学员身上很多的闪光点，这是我在这次研修中的收获之一。

三、在教学中发挥榜样的作用

课堂是我们的根据地，在教学中我们应该把榜样的力量发挥到极致。时代是进步的，社会对美术学科的要求越来越高。作为一名高中美术教师，我们面对的是高考美术生，部分学生的文化基础相对薄弱，术科基础层次不一，但目标是一致的，都是取得高考胜利，提高上本科的概率。在循环教学中发现，术科特别好的班级，在教师的适当引导下，班级有引领的标杆，同学们都会向优秀的同学看齐，学风比较好，整体发展水平良好。由此证明，榜样具有良好的感染力。美术高考科目有三个板块，涉及的内容较为广泛。学业有专攻，每位教师的专长不一，近年来，美术高考的改革，给备考也带来一定的难度。要做到全面发展，确保整体教学质量，仅凭个人的能力，是难以做到的。在学习中要不断提醒自己，改掉纸上谈兵的坏习惯，不拖延，不懒惰，以实际行动，有计划、有方法地向优秀的人学习，成为学生的榜样。

四、提升教师个人魅力成为榜样

在专业学习上，以往都比较注重技法方面的学习，在鉴赏与理论知识上还是存在很大的缺口。当往更高造诣发展的时候，就感觉存在困难了，理论知识不够用了，也导致鉴赏能力不足。我们在教学中经常讲到，要"眼高手低"，意思是要提高鉴赏能力。美术，接触的知识范围还是比较广泛的，除了技法，还有美术的历史文化发展等知识。所以，作为一线教师，必须提高自身的美术核心素养。老师，作为学生的榜样，必先以身作则，站在一个比较高的高度，让学生能学到更多更广的知识。教师应立足于课堂，提高教学示范能力，起到引领与辐射的作用。冼老师和黎老师的示范课，使我获益良多。审视自己在教学中存在的不足，吸收了冼老师与团队学员的优秀表现。经过学习反思，明白自己在教学设计、课堂PPT、教学教案、教学反思等各方面应更加细致化。需要合理利用多媒体工具，在教学中不断探索、勇于创新。在新课标背景下的高中美术课，需要我们有更多理论知识去支撑课堂教学。也需要有创新、探究的能力去做好教学的各项工作。只有不懈地努力，不怕苦不怕累，才能紧跟优秀团队的步伐，勇往直前。

在教学中，我们都经历过撰写论文与开展课题研究，并形成了成果。但是在这个过程中，还是存在很多疑惑与不明确的地方。在这次知识讲座中，冼老师解开了我多年的困惑。作为一名一线教学教师，我们不能一味按经验与套路教学，需要创新思维与探究的精神。要成为研究型的教师，我们需要在课堂后不断去总结、反思并找出解决的方法。在这个过程中，我们可以把这些问题凝练成论文，在形成论文以后再结合课堂进行课题研究，形成教学成果并推广。论文与课题，都是结合课堂探究实践得出的成果。只有不断探究与推广，学科才能得到真正发展。

五、追随榜样之光，砥砺前行

榜样的力量犹如电力，让我能在成长的道路上奔跑；榜样的力量犹如推进器，推动着我急速地成长；播下一粒种子，拥有了无穷的力量。作为广东省冼贤名师工作室团队的一分子，我们时刻要谨记自己的责任与使命。要以身作则，充分地发挥工作室的辐射作用，以榜样之光，照耀前程。

潜心求索，知行合一

龙惠芳

2021年12月10—19日我参加了广东省冼贤名师工作室2021年第二次集中研修活动。本次研修进行了校本研修、艺术节书画比赛、创新教学案例、论文的撰写、示范课、本土美育资源采风写生等几个活动，从理论知识到技能实践，从专业能力到创作思路，我都收获良多，令我达到了一个新的高度。

一、加强专业水平，提高教研能力

"德高为范，艺高为师"，美术教师要加强自身的学习，提升教学教研水平。在本次研修活动中的校本研修、创新教学案例、论文的撰写、示范课这几个方面都体现了要提升教师专业水平，加强教研能力。

我们除了要教好学，还要不断反思、总结平时我们在教学中遇到的问题。通常我们在写论文的时候也常常会陷入困境，例如：教研不足、教学反思不够深刻、平时理论与实践积累不够、发现不到亮点、时间不够充裕等。这次研修活动，冼老师为我们分析了为什么要写论文、写什么论文、如何写、什么是高质量课题与论文等。写论文与课题必须以实践为基础，总结教研经验、提出独特的观点、解决实际的问题等。通过这一系列的研修活动，我的理论水平有了很大的提高。

通过示范课的观摩，学员的教学能力提高了不少。通过观摩冼贤老师的素描和速写示范课，我学到了很多。如，如何发挥学生学习主动性？如何突出学生的学习能力？冼老师的课先创设很多问题，向学生提问，让学生主动参与课堂，然后进行示范，再到学生分组训练。打形之前，教会学生如何去观察。教学设计符合学生学情，课件图文并茂、生动有趣。课堂上关注困难生，引导学生去寻找问题。整节课主抓基础造型训练，提高学生的造型能力和艺术素养。课堂轻松活跃，学生互动较好，课堂气氛很好。冼老师熟悉心理学，教学中善于引导学生让其主动思考，调动其积极性。学习内容从几何体、静物、石膏头像到人物头像，让学生懂得去归纳。通过对比作品，寻找作品的优缺点，让学生自己发现问题，然后一个个去解决。冼老师在课堂上还注重提高学生自信心，不断鼓励学生。

通过示范课的观摩学习，我的专业课教学思路更清晰、解决高考备考问题的能力提高了。冼老师教学基本功深厚扎实，值得我们学习，也激励我不断努力学习，使自己的教育教学技能有进一步的提升。

二、发掘本土美育资源，提高美术审美能力

新的美育要求不仅仅是满足于技能的训练，而是由最初的技能向素质转变，再到素养的转变。如果教师只停留在课堂上，一味地"教"，目光不够长远。如果不懂得去发掘本土美育资源，那么对于本土美育资源的发展是非常不利的。这次的研修活动通过参观孔庙与冲源村采风写生的研修活动，让我们注重传统文化的传承和本土美育资源的发掘，进一步提高我们的美术审美素养。让我们了解到本土还有很多值得学习和探讨的美育资源，而在教学中应强化本土美术作品的文化内涵和地方特色，培养学生关注本土美育资源的意识，引导学生善于观察、挖掘本地的民间美术资源，懂得传承和保护。

1. 提高学生民间美术审美判断素养的培养策略

在培养学生民间美术审美判断素养过程中，教师要进行正确的引导，才能让学生具有正确的审美观念，才能激发学生的审美兴趣，这样学生的审美判断能力便能得到很好的发展和提高。例如：民间美术鉴赏教学中，不仅仅是对作品表浅的外观或图形的鉴赏，教师应该引导学生从地方特色、人文故事、实用性方面去深入了解，增加审美判断素养的深度。

2. 多实践是提高民间美术审美判断能力的有效途径

在民间美术鉴赏课教学中，教师还需要学会引导学生，创设平台，增加学生锻炼的机会，从而培养学生的审美判断能力。在教学中强化民间美术作品的

文化内涵,如地方特色和文化背景,潜移默化地培养学生美术审美判断能力,来提升他们的美术素养,在学习中体会作品内涵的丰富性。以下阐述的几方面,对提高学生的民间美术审美判断能力有一定的作用。

教师经常引导学生观察、挖掘本地的民间美术。校内课程与生活互相结合,让学生去体会生活之美,感受劳动人民创造的作品。例如:让学生参观本地武垄镇的雄鸡舞、镬耳屋、悦城龙母文化等,借此直观地去了解民间美术的艺术语言和特点,理解它的文化内涵,思考如何传承和保护民间美术资源。新的美育要求不仅仅是满足于技能的训练,而且是由最初的技能向素质转变,再到素养的转变。

注重师生交流、生生交流,给学生营造良好的学习氛围,创造一个更好的平台,将枯燥的艺术理论学习与生活结合,让艺术充满生活气息。例如:用人们生活实例或者典故来讲述民间美术的形成和作用;教师进行作画或手工示范,学生动手体验、分组研讨、互相分享,激发学生对民间传统美术的热情,培养学生对民间美术的热爱。

最后增加课堂实践在课堂中所占的比重,使学生所学的得到强化。比如经常带领学生去游学、参观美术馆和展览馆等,能在巩固所学、开阔眼界的同时提升对地方艺术的审美素养。

3. 理论和实践相结合,进一步提高学生民间美术审美判断素养

注重培养高中学生的民间美术审美判断力,引导学生判断美的物象,掌握判断美的标准是什么。了解哪些色彩能给人华丽而漂亮的感觉,哪些色彩是朴素、优雅的。明朗的色调,给人带来愉快和舒畅感,增加欢乐的气氛;灰暗的色调则使人压抑、郁闷,牵动人的愁思等。

丰富高中美术课堂评价模式,提高学生的课堂反思环节。因为民间美术鉴赏课是针对民间美术作品进行分析的,通常整个课堂只是教师去讲授,方式单一,缺乏交流,结果是学生的思维跟不上技法。教师把技法的掌握作为主要方面,把审美判断作为次要方面,本末倒置,十分不利于学生审美能力的提高。

作为高中美术教师,需要的不仅仅是自身的美术专业知识和基本的审美素养,还要有颇具特色的审美教学方式,将审美判断知识运用到传统民间艺术当中去,判断哪些是美的,哪些可以运用到生活当中去,培养学生审美判断的能力，培养学生的爱国情怀，同时了解祖国各地的风俗文化；培养学生对民间美术的兴趣，热爱生活，热爱祖国的传统文化，从而使个人综合素质得到不断的提升。

通过这次的集中研修，我明确了以后努力的方向，我要不断努力，争取成为一名集教学、创作理论与实践相结合的实践型教师。衷心感谢广东省冼贤名师工作室这个平台，令我有机会快速成长。

拨云见月，深学细悟

丁皎先

2021年12月9—19日，工作室开展了为期10天的第二次集中研修，既有名师工作室研修与孔子学校省级教师校本研修活动思想动员会及孔子学校艺术节活动，也有美育资源（德庆民俗、民间建筑）考察与采风活动，更有孔子学校九年义务教育国测美术课听评课、高中美术创新教学素描、速写、色彩示范课听评课。同时开展了美术课题研究与教学论文指导及修改，以及美术创新教学案例分析与指导及汇编。每天的学习活动安排得满满的，收获也是满满的！

一、勤读善思，自我提升

通过两次的研修学习，我清晰地看到自己的不足：没有养成好的读书习惯，平时读的书对专业的成长帮助不大。俗话说："要给学生一杯水，老师要有一桶水。"作为教师应该是博学多才的，否则没有办法应对教学出现的各种情况。现在我认为：要给学生一杯水，老师不仅要有一桶水，还要有长流水，有长流水就要不断地坚续学习。因此终身学习是现代社会人必须具备的能力。作为美术教师，应该要多了解现下社会上的绘画情况，现在的绘画技巧五花八门，绘画工具也丰富多彩，网上视频、抖音教学比比皆是，学生也会通过这些手段去了解绘画的相关信息。美术教师如果单纯只是教授绘画技能，那就太单一了，不是每个人都能学会所有的绘画方法和技巧的。我们在教学中应注重培养学生的自主学习能力，引导学生运用互联网上的资讯进行自主学习，正所谓"师傅领进门，修行靠个人"。学生可以学到的知识、磨炼出的绘画技法往往超出我们的想象。然而学生综合素质的培养离不开教师的引导，因此美术教师不仅专业方面要提高，眼界更要提高，知识面也要拓展。需要加强教学理论知识研究，做研究型教师。

二、转变观念，开拓思维

一个人在自己的小圈子里可能会很舒适，但不走出去，不和别人交流将会不思进取、故步自封。往往在交流中才能发现新的问题。研修中我听了冼老师《高中美术生造型能力的培养——石膏素描头像的快速造型方法》的示范课，这节课属于美术生的专业课，冼老师和学生互动，让学生表达自己对画面的理解，引导学生发现画面的问题并探讨如何解决问题。学生不是被动的知识接受者，而是课堂的主体，他们可以积极主动地参与课堂，研究画面、探讨解决画面问题的方法。学生通过自己思考领悟到的知识比教师填鸭式教学的方法会有效得多，而且培养学生养成一种通过自己发现问题、分析问题、思考问题、解决问题的习惯，对学生未来的发展是很有帮助的。

评课活动我的感受是：大家提出的观点和看法都挺特别的。或许是因为我经常听冼老师的课，司空见惯了，感觉就是这样子的呀！但工作室成员提出的看法和角度都不一样：张宝山老师认为这节课的气氛很活跃，整个过程很流畅，冼老师对课堂的把握很好；朱淞麟老师则从教育心理学的角度去发现亮点，说冼老师关注到安静不出声的学生，并提问他们，引导他们回答问题，让他们跟着思路思考、组织语言回答问题，当学生能回答出来时也就大大地提升了学生的自我效能感，如若不然，有可能使这些学生失去信心，不肯表达自己；杨琦老师看到的内容更为深入，他感觉学生在这节课的学习中能形成一个或几个概念，冼老师教学生怎么观察，尤其注重规律性知识的归纳，一些零散的、看似不相关的内容能被有机地联系起来，系统地将素描知识巧妙地融合为一个有机的体系；翟康辉老师的观点则是一种梳理后的总结，将整节课的整个过程展现在我们面前，让我们能再一次跟着思路回想、思考这节课可供学习之处。我觉得各位老师的思维方式、看问题的角度以及语言组织能力都非常强，而我向来不善于总结，虽然当时有认真听讲，做听课笔记，但是之后没有整理，缺少总结和反思，因此没能更深入地去思考和学习。学员能从冼老师的一节课中看到那么多亮点，并且表述得那么有条理，总结下来将是不可多得的教学经验。

三、聚焦课堂，关注学生

新课标要求要注重培养学生的核心素养，冼老师在教学中展示给我们的是以学生为主体，引导学生发现问题、分析问题、解决问题，最终实现学生自我效能感的过程。冼老师以他多年的教学实践出发，经过研究课题对教学进行不断改进，渐渐形成了自己的教学风格：改变了传统的"手把手教学"的教学模式，重视学生能力的培养，尤其关注静默不主动的学生，通过提问引导、提示鼓励、各小组PK等方式让他们动起来。让学生能按照老师的教学思路发现、思考、回答问题，给学生提供了思考、探索、展示自己的空间，体验成功回答问题的过程，树立自信心。作为教师既要备课也要备学生，根据学生的情况因材施教，重点启发学生的思辨能力，重视培养学生的核心素养及综合能力；同时关注学生的课堂反馈和教学的效果，并针对课堂中出现的问题进行教学案例的思考，不断总结反思，寻求行之有效的教学方法。

学生才是课堂的主体，在现在的教育理念下，我们应该冲破传统教育观念的束缚，以生为本，尊重学生的身心发展规律，最大限度地挖掘学生身心的发展潜能。将"课堂"变为"学堂"，提高学生的学习主动性，变被动学习为主动学习，以用促学，将会得到更好的教学效果。要做到这一点，在教学中要注意几个方面：首先，备课时要"心中有学生"，不能脱离学生情况只着眼于教学内容；其次，在上课过程中，做到"目中有生"，给学生自主探究知识的过程，注意观察学生在课堂上的表现；最后，在学习过程中注意引导学法，学生"会学"能让学生终身受用。每个学生都是独一无二的个体，教师要根据学生的实际情况因人而异地教会学生学习方法，教是为了不教。学生找到适合自身发展的学习方法，将会为学生可持续发展打下坚实的基础。

都说"教师的舞台是三尺讲台"，随着社会的发展、时代的进步，现在的课堂已不仅仅是教师的舞台了，真正的主角应该是学生。转变旧观念，才能跨出新的步伐。基于新课标及美术学科素养的视域，根据学生情况结合教学内容，对课堂的研究是非常必要的。

第二次集中研修中碰撞出的思想火花将会点燃我们未来前进的道路。冼老师带给我们"融美入善，成就全人"的教学理念，将引领我们在今后的教育教学工作中进行探索、体验、研究、实践。如果能坚持做到在教学实践中善于记录、不断反思，积极探求更为有效的教学方法，不断大胆尝试新的教学方式，一定能够提高自己教学教研能力。

构建高效课堂之我见

张宝山

在课堂上学生是主体，只有学生感兴趣，积极开动脑筋，主动地参与到其中时才能称为高效的一堂课。教师如何让学生参与课堂，改变传统的教学模式，打造高效性课堂，是当前教学改革的关键所在。教师如何打造高效课堂，让学生在有限的时间内高质量地完成学习任务呢？

一、教师与学生对话式教学能创造良好的课堂氛围

著名的巴西教育家保罗·弗莱雷提出，教育要从"银行储蓄观"转向"解放教育观"，教学要打破"讲解式教学"，实施"对话式教学"，充满了对学生的关怀。对我们在当前的教学改革中重视建立民主平等的师生关系、重视培养学生的批判意识和创造力等都有一定的启发意义。在教学中我们经常在课堂导入时用到对话式的导入方法。俗话说得好，良好的开端是成功的一半，课堂导入历来被教师所重视，教学实践中很多教师创造了丰富多彩的导入方法，对话式教学就是其中的一种。我们可以根据教学实际、学生实际精心设计一个话题，如我们可以通过广东省模拟考试优秀试卷与学生平时的作业，与学生进行对话来分析优秀试卷的优点在哪儿。在这个活动过程中，通过恰当的引导，提醒学生如何观察并学会思考，鼓励学生努力寻找画面中的问题所在。有效地组织师生之间、生生之间的互动式对话，自然地把学生引进课程教学。这种对话式的教学，有利于师生沟通，使学生乐于参与教师安排的学习活动，与教师合作完成学习任务。冼老师在本节课的教学过程及最后的展示评价中，采用"生生、师生互助互动"的学习方式培养学生之间的团结合作、互相帮助的精神，

提高学生自主学习的积极性。通过教师在方法上的有效指导，学生能在一个轻松、活泼的情境中，乐于尝试，不知不觉中能学习到美术的知识和技能，并获得丰富多彩的体验，品尝美术活动的乐趣。

二、教师有效示范能激发学生学习兴趣

兴趣是学生最好的老师。孔子说过，"知之者不如好之者，好之者不如乐之者"。随着教育课程的不断改革，教师能有效激发学生的学习兴趣成为以学生为主体的教育教学活动顺利进行的关键。在美术课堂教学过程中，教师只是一味地对绘画作品侃侃而谈，这样不仅无法激起学生对美术学习的兴趣，而且还会导致美术课堂教学无法达到预期的效果。此时，美术教师如果能够引入示范教学法，能够将抽象的讲学内容变得更加生动直接，就能够促进学生的模仿欲望，激发学生的美术兴趣，确保美术课堂教学活动的顺利进行，有效提高美术教学效果。如在学习素描时可以通过PPT分别以几何体、石膏五官、石膏头像为例，强调素描造型中参考线与辅助线的作用，教导学生学会用水平和垂直线来检查造型，教师寻找素描造型中的规律进行讲解，再示范，最后让学生练习，形成学生由听众到观众再转变成演员的全过程。学生通过这一过程精神慢慢得到放松，轻松愉快的学习氛围也慢慢形成了。通过观看示范直观感受，让学生对每一处的处理方法有一个更加直观的了解，学生对绘画过程有了一个具体形象的认识，对理论知识也有了更深的理解，这有利于更好地把理论知识与实践相结合，使之起到相互促进作用，极大地提高美术教学效率。教师可以通过让学生练习，动手实践、自主探索，让学生积极参与到活动中来，使之感受到学习知识的乐趣，从而提高课堂教学效率。在美术课堂教学过程中，不少教师为了省事，不讲究效果，示范就随便画画，忽视了示范的作用，直接影响了学生学习美术的兴趣。兴趣是积极学习的动力，如果教师能够开展有效的示范教学，就能充分地调动学生对学习的兴趣，学生就能主动愉快地学习，从而提升学生的感悟能力和审美能力。

三、学生互评能提高自身的审美情趣

教学理念倡导教学中以学生为主体，学生不仅是学习的主体，也应该是评价的主体，学生在互相评价中主体地位能得到充分发挥。传统的教学中，在

评价学生作业时过于注重教师评价，而忽略学生之间的评价。有效的作业评价，既要重视教师的评价，也要重视学生的互评。在评价同学的作品时，可以吸取他人的优点，也能提出好的建议，同时也提高了自己的审美能力。在进行作品互评时教师正确的引导至关重要。在评价时，教师可以引导学生有针对性地评价，比如，这幅作品好吗？什么地方好？从构图、造型、线条等方面说一说。如果不好，你有什么好的建议？老师还可以引导学生提出修改的建议，这不仅不会伤害学生自尊，还提供了有效帮助。互评时老师也要注重学生个体差异，对一些美术学习能力强的学生提高标准，从作品中寻求创新点；面对美术能力弱的学生，从学习态度角度评价，与过去比是否在进步。在导入与评讲练习时，老师可以让学生互评，以学生自己发现问题为主，切中要点，做适当点拨评价来解决问题。在作业评价中每个学生都希望自己能参与到评价中，而课堂时间是有限的。教学中，我们常用的评价方式是把学生作品展示在黑板上，请几位学生进行点评，这种评价方式的优点是在有限的时间内完成互评，一个人的评价结果能反馈给全班的学生。不足之处是很难让每个学生都参与到评价中。所以在教学中，可以根据课程的需要，设计成小组形式进行评价，让每组派出一个代表参与到评价中。学生之间的互评更容易被接受，也能激发学生学习的热情，而且还能让他们获得成就感；但否定和不认同的评价，也能激发学生不断地改善、不断地进步。学生在评价同学作品时也能提高自身的审美情趣，发展审美能力。新的课程实施理念强调在教学过程中实现学生自我评价、相互评价和教师评价相结合，也只有学生全员参与的生生、组间、师生评价才能是客观的评价、真正的评价。

总之，要想打造高效课堂，教师必须更新理念，改变传统的教学方法，倡导对话式教学，创造良好的课堂氛围，有效示范能激发学生学习兴趣。同时学生互评能提高自身的审美情趣，只有把学生当成学习的主体，教师做学生的学习合作伙伴，才能打造高效课堂。

理念明灯导航向

黄清华

抓住2021年的尾巴，在寒冬腊月里，工作室10天集中研修的经历真是让我受益匪浅，内心充实了许多，每位学员、老师都给我留下了深刻的印象。通过研修，冼老师课堂示范带学活动指导教学发展方向；通过研修，学员能拓宽学习视野，助力专业成长。冼贤名师工作室像一盏灯，替我照亮了前方，教给了我一种观看事物的方式。

一、名师示范导方向

一直以来我对新鲜事物反应慢且工作效率不高，平时往往都习惯于被动地感受，有时候回想起来才当个事后诸葛亮，但随着时间推移、经验积累，我就开始对自己的工作状态慢慢敏感起来。特别是在跟人对话或做事时，能明显感觉到自己被习惯思维带偏，导致原地踏步。参加研修学习后，我开始一点点重新反思自己。在工作室集中研修时，暂时可以放下学校工作与家庭事务，抛开凡尘俗事的困扰，专心致志地投入研修活动。

美术课题研究与教学论文撰写到目前为止依然是我的短板，冼老师主持的研讨会使我得到很多启发。例如：①研讨创新教学案例汇编，对背景分析、案例描述、案例反思这三大框架进行讲解，主张从自己日常课堂形成的真实教学案例中不断积累，这让我更好地理解案例与教案；②研讨课题研究与论文撰写时，冼老师同样以问题导向开始，提出为什么要做课题研究与论文撰写？冼老师指出，首先是解决教学中的问题与困惑，然后是晋级晋升、传播思想、交流研讨的需要，更进一步就是教育情怀——精神追求的需要。这让我明白了撰写论文—做课题—课题推广—申报成果奖，它们之间是相互联系的，它们与创新教学更是密不可分。

在课堂示范带学环节，冼老师分别以石膏素描头像、速写动态写生两节示范带学课展示了创新教学课堂上学生的感受与参与体验，教学过程中不断强调学习总结学科规律。课堂是教师进行科研的主阵地，课堂中的方方面面、大大小小的事件都是值得教师研究的主题，课堂教学实践是宝贵的素材库；教学理论的感悟需要在相应的实践中融会贯通，课堂是我们一线教师的生命舞台。

二、拓宽视野助成长

以往我的接触面是比较单一的，基本限于在本地专业领域交流，但又渴望认知外部世界，由于缺乏行动所以看到的只是表面，很多问题就像隔了一层雾，迷迷糊糊理解不透。而冼贤名师工作室学员像一盏盏灯，在我身边闪闪发亮。通过跟学员课堂观摩听评课、交流探讨、采风写生，我在观念与理论、知识与技能上都得到更新。冼老师在广东省美术教育界早已为人熟知，他的教育情怀，他的勤奋与执着的精神，感动着身边每一个人，也引领着工作室的每一个学员孜孜不倦地工作。任重道远虽艰难，策马扬鞭正当时。此刻，我感觉自己是幸运的，在职业生涯困惑时期遇见了明灯。

作为学生成长的助推者，我不能安于现状，必须与时俱进。在美育背景下，不仅要教书育人，还得把自己在教育教学中遇到的问题当作契机，积极开展教研活动，通过实践和研究得出解决问题的方法，并上升到理论的高度，撰写有价值的学科论文。有了工作室的支持，我在教学实践中会更加大胆、更加踏实、更加有为。

回顾2021年，感谢冼贤名师工作室解答了我多年的理念困惑，给我指明了未来的方向；展望2022年，我将继续跟随工作室的脚步，不断成长，努力成为更好的自己。

第三章

教育初心

《教育的初心》导读

冼 贤

"立身以立学为先，立学以读书为本。"为推动教师读书活动深入进行，营造亲近经典、传承文化、涵养心灵的教育教学文化氛围，广东省冼贤名师工作室于4月27日开展"名师荐名著"线上研讨会。新时期教师需要具备五大素养，即研究素养、创新素养、跨学科素养、信息素养、专业素养，其中阅读就属于研究素养。《教育的初心》，顾名思义，想必是李镇西老师给广大青年教师对于教育事业分享的最真切的肺腑之言。他的教育情怀和研究素养与本工作室的教育追求高度契合，所以我们向大家推荐这本书。

一、作者介绍

李镇西，苏州大学教育哲学博士、新教育研究院院长、成都市武侯实验中学原校长、语文特级教师。曾荣获四川省成都市优秀专家、2000年"全国十杰中小学中青年教师"提名奖、曾获"四川省中学语文特级教师""全国优秀语文教师""成都市有突出贡献的优秀专家""成都市十大优秀青年""成都市十大教育明星"等称号；享受成都市人民政府专家特殊津贴；2000年被提名为"全国十杰教师"；先后在全国20多个省、市、自治区作教育学术报告数百场，在数十家报刊上发表各类教育文章数百篇，出版专著70多部，其著作多次获得国家级图书大奖。1998年12月，在北京举行的"纪念苏霍姆林斯基80诞辰国际学术研讨会"上，著名教育家苏霍姆林斯基的女儿、乌克兰教育科学院院士苏霍姆林斯卡娅赞誉他是"中国的苏霍姆林斯基式的教师"。

二、内容简介

《教育的初心》，是李镇西老师的教育随笔，结集了"镇西茶馆"公众号上的精选文章，分为"与师为善""不敢苟同""岂有此理""喟叹不已""常识罢了""思绪飞扬"几辑。从每一辑的小标题可以看出，文章侧重于教育杂感和社会评论。此书内容真诚，行文坦荡，措辞泼辣，文风犀利，真实地反映出作者的教育初心。

三、社会影响

《教育的初心》这本书里很多文章社会反响强烈，有些是反映当下教育现象的，有些是反映教师群体在社会中地位的变化的，有些是指导家长在家庭教育孩子的，也有反映素质教育现象的。比如《善待活着的"李芳"》《家长，我教育的最大阻力就是你的不信任》……其中有的文章曾创造"10万+"的阅读量。篇篇文章都引导我们用不变的教育初心践行教育的责任。

四、推荐理由

1. 教育情怀感人，教学视野开阔

作为教师要用终生时间扩展自己的知识海洋，持之以恒提高自身教育技巧。教师开展的教育劳动好比一条大江，需要许多小溪流汇集。潺潺小溪永不停息，阅读便是这涓流，开卷也必定有益于教育教学。广东省冼贤名师工作室本次推荐著名教育家李镇西老师又一经典著作《教育的初心》。该书是李镇西老师的教育随笔，更是教育杂感和社会评论，文章针砭时弊，为教育振臂疾呼。他提醒广大教师，别忘记当年初踏讲台的情怀。这本著作，收录了他"镇西茶馆"公众号里的文章，见解独到，他始终立足讲台，放眼世界，这是他坚守的从业姿势；站在社会的高度看教育，以教育的眼光看社会，这是他保持的职业视角；手舞足蹈于大地，心驰神往于星空，这是他追求的事业境界。在这本书中，你或许会为读到自己想说的话而拍案叫好；当然，你也许会为不同意他书中的观点而连连摇头……没关系，无论共鸣还是质疑，思想的碰撞才是作者和读者之间共同的最大收获。

2. 教育名家荐读，教育理念深刻

著名教育改革家魏书生为该书作序，谈到读李镇西的书更是敬佩有加，提出向李镇西学习的四点好处是促进爱心生长、享受尽责快乐、品尝阅读愉悦、体验写作幸福。站在更广阔的视角，《教育的初心》更多表达的是对学生、教师、家长、事业的爱，作者把深沉的爱植根于他生活和工作的当下职责，把尽职尽责的过程中当作享受。读他写关心妻子、引导女儿、教好语文、带好班级、当好校长的过程、细节、良方、妙法，很容易激活我们曾经有过的尽责过程中的快乐感觉。他在每个岗位都做得很优秀的原因在于他直面问题，深入研究分析事物的本质规律，不被表面词汇迷惑。对于当下搞得有声有色的影响力很大的新教育，他建议不要过多地注重形式，他明确地指出追根溯源：新教育讲的是教育常识。

3. 教育学识渊博，教育著作等身

李镇西是学识非常渊博的教育家，三十多年来发表的文章、出版的书籍中展现着他长盛不衰的阅读兴趣、广阔的阅读范围、适合自己成长的阅读方法；他坚信，"一个人的精神发育史就是他的阅读史"，他告诉人们"每一个人或多或少应该有自己的藏书"。读书成了他的内在需要，成了他情不自禁的习惯。火车上、候机室，甚至在农家乐都有他手不释卷的身影，用等公交、排队购物、乘地铁这些可利用的零碎时间阅读几行文字甚至一篇文章，同样的时间便有了生命的意义。书籍海洋既可载舟，亦能覆舟，选择不当不仅事倍功半，还可能使人徒增烦恼，甚至误入歧途，选择读书方向、范围、内容就格外重要。李镇西老师毫无保留地介绍自己读的书中有50%是人生类、有30%是教育类，还有20%是专业类书籍。怎样选择？这样选择的好处？怎样读书？他说要把好书化作自己的灵魂，要读出自己、读出问题，把自己摆进去，找出不明白的地方、不同的观点，等等。质疑、研究、批判，就是与作者对话。这样读书感情便自然流淌，思绪便飞扬在万里晴空。

这本《教育的初心》，写的是李镇西老师自己想说的话，也是作为教育工作者的我们想说的话。他告诉我们教育本来就是朴素而简单的事，要避免花哨和复杂；校园文化更要围绕学生这个主体来打造；减少高调口号，让教育回归朴素；学校本来就是读书的地方，不必刻意营造书香校园……

4. 赤诚教育初心和职责担当

工作室顾问房尚昆导师在参加线上研讨时最后总结道，工作室组织阅读这本书其目的是"教师的职业基本要求解决两个问题：一是教育情怀的问题，要准备做一名好的教师，对教育要热爱，对教育要有一定的忠诚；今天组织大家阅读这本书，虽然大家的教学时间比较长，做好教师的职业还是要大家具有很好的教育情怀。二是专业能力的问题，工作室在冼老师的带领下，对老师们的成长有非常大的作用，在专业层面已经有很大的提升。今天这本书探讨的核心问题是如何解决教育问题，如何有深度、有方法地解决当前教育问题，提高自己的思想境界"。李镇西老师是当代鲁迅式的教育家，敢于发声，勇于疾呼，这本《教育的初心》，无论是对教师群体的表扬与肯定，还是对教育不良现象的批评与质问，变化的是针对的问题，不变的是李镇西老师在不同的教育岗位上几十年如一日的赤诚教育初心和职责担当。

悦读伴我行

杨 琦

读《教育的初心》这本书，不难看出李镇西老师的教育理念，他关注人性做真教育，享受童心当好老师。"让人们因我的存在而感到幸福！"这不单是崇高的口号，更是李镇西老师几十年如一日的职业操守，书中字里行间的表述，无不透露出李老师对于身边事物的关注与思考，不管是对教师群体的表扬肯定，还是对社会不良现象的批评质问，书中传递出的喜怒哀乐，让我很容易贴近李镇西老师的情感，内心深处充盈着感动，仿佛他就在我身边。

李镇西老师以教育工作者的视角看社会，看教育现象，直面教育和社会的热点，同为教育工作者的我们是很容易引起共鸣的，共鸣之后我产生的是更多的思考：同为人师，为什么我对这些问题熟视无睹，为什么这些问题我没法像他一样去思考、去质问？甚至更悲哀的是，我对有些问题竟然一无所知。

一、思考能力与创造力的培养

著名的教育家陶行知先生说过："处处是创造之地，天天是创造之时，人人是创造之人。"我们都希望培养出有创新力的学生，然而创新的根源在于思考、读书，在于我们与他人思想交流的方式，思想交流带动我们学会更全面深入地进行"思考"。李镇西老师的书也引起我对教育教学中培养学生价值观、人生观的思考，最近刚了解到在美术教师资格证考试中，里面就有一道面试题目是关于价值观的，据说难倒了不少考生，所以我想，中学阶段大家都在想着怎么考试，当然这是办学质量的一种重要的量化评价方式，但是我们同时更应该承担起立德树人的职责，想想我们能为这个社会培养什么样的人，他应该具备怎样的人生态度，获得什么在未来社会站稳脚跟的方法与能力。

教过的学生里面总有一部分人只满足于表面的"懂得"，却不懂得知道事物的名称与真正理解这个事物之间的区别。有一次我看到有个学生在画素描头像，她小心翼翼地用打格子的方式去画造型，我马上告诉她不应该这么去画，但是第二次我见到她还是这么画，是什么让她这样因循守旧呢？这或许是应试教育下的畸形产物，追求短、平、快，这种做法当然是不好的，哪怕短期内会有成效，但这是不可持续发展的。所以我再次很认真地跟她说明希望她改过来的原因。这个学生比较胆小、心思细腻，她觉得这样画很安全，不容易出错，想来大多数人都是这样，不太愿意离开自己的舒适区。我们说要培养学生的创造力，这就需要我们在课堂中把握收与放的教学节奏，给学生腾出空间，不能不给学生犯错的机会，创新创造力总是在边缘发生的，总是发生在你不管的时候、允许犯错的时候，或者鼓励尝试和犯错的时候。学生在不断试错的过程中不断纠错，不断思考，去赢得一个创新的可能性。

二、学习共同体

如果让我自己一个人看这本书，多半我是看不下去的，因为这不是一本可以让人即刻获得快感的书。所以冼老师让我们学员一起看书，一起分享交流，还拉上深圳的房尚昆老师给我们做读书分享报告，这是抱团看书，是一种崭新的方式。通过与他们交流，我知道了原来同样一本书，我们美术教育界天花板级别的房尚昆老师是这么看的，原来我们各有所长的学员老师是这么看的，他们的分享也是我们思想的碰撞，让我们在这个共同体里能够更深入地学习。"学习共同体"最早是由日本的佐藤学提出的，他认为人与人之间的关系是一种共同学习的过程。学习共同体的特点是在学习过程中以相互作用式的学习观作指导，通过人际沟通、交流和分享各种学习资源而相互影响、相互促进。未来社会的发展除了创造力的培养，另一个则是需要大规模协作，在这个团队里我看到了各自不同的精彩，感受到了协作关系下的巨大能量，我们的"学习共同体"顺应了时代的浪潮，让我们彼此获益良多。

三、淡化"学霸"标签，尊重学生的内心成长

看了李镇西老师关于"学霸"的文章，心有戚戚焉。"学霸"是在特定教

育环境下的标签，你甚至都很难在其他语言里面找到对应的词汇。而在我们的教育环境里面它一点儿也不陌生，"学霸"就是指学习成绩特别好的那些人，我从读书开始到从事教育工作这些年来也见到了非常多的"学霸"，但是其实我见到的更多的是它的副作用，因为所有的"学霸"在一个高淘汰的教育体系里只有形成一个习惯才有可能学得更好。这个习惯就是"自我霸凌"，就是自己欺负自己，他们大多有一个共同的特点，就是觉得自己不够好，永远不够好，好像只有这样才能不断地达到新的高度，实现他们在考试中一次又一次排名的超越。然而我们不能忽视学生为之付出的代价，这代价就是心理疾病，是失眠，是焦虑，抑或把时间都挤给学习所带来的"社交恐惧"。我曾经看到过学生在朋友圈发出的图，图上的人看到人时手足无措，看到猫时却笑逐颜开。这是新时代的"社恐"典型性的表现之一，在不少成绩优秀的学生身上都有体现。虽然"学霸"身份令他们赢得了身边他人的赞许，但是他们真的快乐吗？我们很多传统智慧里面也有印证，诸如"头悬梁锥刺股"等典故，这或许是一个成功之路，但是他所达到的成功其实是表面的、短暂的，而副作用其实是长久存在的。我也见过不少的学生，成绩很好，后来发现，他们对自己所做的事情毫无兴趣，不仅失去了对做事情的兴趣，有的还会陷入更多的自我怀疑和自我无价值感。当学生走向社会、走入职场之后，他会遇到发展上的巨大阻碍，这些阻碍不是当年的成绩、获奖证书、荣誉证书能够清除的，能清除这些的只有一条道路，就是重新开始曾经的"自我霸凌"、曾经内化的自我暗示。他们只有降低自我期待的阈值，通过诚实地与自己的内心对话，才能慢慢走出来。而也只有当我们看到这一点，看到它的副作用的时候，我们才能从这种模式里面走出来，然后重新反思我们自己的经历和我们所谓的成功经验。在学校环境里面，作为施教者，我们的反思和引导，能给学生带来不一样的教育体验。这个教育体验的底层应该是放松的，是接纳的，是安全的。

铭记初心，用爱教育

侯小玲

2022年4月，在冼贤老师的推荐和组织下，工作室学员们阅读了李镇西的《教育的初心》这一本书，我带着"什么是教育""我的教育初心是什么"等一系列问题，开启了与经典著作的相会。

一、初为人师，爱心展现

李镇西老师在《教育的初心》里写道："永远保持现在这种纯净的童心。这很难，但一定要保持，其支撑点是把教育当成信仰，不为名利工作，而是为自己工作，不能让自己的心生锈。"不知这是何等不凡的教育情怀，李镇西老师一字一字、一句一句将自己的教育随笔故事温情讲述，娓娓道来。真实朴质的文字让人回味无穷。此书精选了李镇西老师近几年来在其公众号"西镇茶馆"中原创的精彩文章，从"与师为善""不敢苟同""岂有此理""喟叹不已""常识罢了""思绪飞扬"六个方面，对教育和社会热点进行评述，对教育常识问题进行刻深思考。不管是对教师群体的表扬、肯定，还是对社会不良现象的批评、质问，变化的是针对的问题，不变的是李镇西老师几十年如一日的初心。

我在读《教育的初心》这本书的时候，更多的是对李老师表达的更广阔空间即学生、教师、家长、事业的爱的感触。他2015年从校长的位置改任主持全区新教育实验，后又任全国新教育研究院院长等，他接触更多的学生、教师、校长、家长，他坚定不移的爱心由萌芽到成长到枝繁叶茂，他的爱变得更深、更宽。他用自己的感想写下《善待活着的"李芳"》，"善待活着的'李芳’，就是善待中国的基础教育，就是善待中国中小学的每一个孩子，就是善待中国的未来”。他希望全社会都关心、支持教师群体，让基础教育有更好的未来。他大声疾呼"比成绩更重要的是孩子的健康"，"教育不能只看成绩，还要关注孩子的身心健康！"

从高中毕业后选择师范专业的那一刻，我就认定教师将是我终生的事业，是我一生追求的崇高职业。时光流逝，现在的我已经工作多年，我看到了一个一个鲜活的个体，也看到了蓬勃的希望。李镇西老师对教育的爱是一种广泛的爱，是一种值得我们深思的爱。初为人师的我，应该始终怀揣着一颗纯洁的童心、爱心，牢记自己首先是教育者，其次才是教学工作者。

二、不忘初心，教书育人

工作多年，一路披荆斩棘。从最初的懵懂无知到得心应手，在面对"教育"二字时，我还是感到博大精深。看了《教育的初心》后，我关注到李镇西老师提出了"应该首先培养人才，还是人"这个问题。教学过程中，我深深地体会到教育的核心是"人"，人既是教育的起点，也是教育的终点。教育的目的是培养全面发展的人，是将来的社会人，是未来能够独立生活的人，是各行各业的合格公民，立德树人是我们教学的首要任务。而作为美术教师的我，更应该把美育带到自己的课堂，引导学生发现生活的美，陶冶他们的心灵。在日常行为中让他们感受到生活的美，让学生从生活的点滴去感受美的教育，让心灵更加纯洁。

新课标出台后，我感觉其印证了著名教育学家杜威所说"教育即生活、生长和经验改造"，特别是看到一则新闻《劳动课程又回来了！9月起中小学生要学会煮饭炖汤、修理家电、种菜养禽》。我觉得学生通过练就自己的生活实践能力，会变得热爱生活、懂得生活，体会到家人的不易和劳动的快乐。这样的教育不只是让学生学到了生活的技艺，更是培养了其健康向上的人生态度。我们的课堂需要融入生活、服务生活、回归生活，应该本着教书育人的初心，注重学生日常生活习惯的养成和综合能力的培养，引导学生将学到的东西应用到生活实践中去，帮助自己解决生活中的一些难题，这样才能调动和激发他们的学习热情，也能更好地体现良师益友最实在的一面。

三、良师益友，砥砺前行

在"广东省中小学新一轮'百千万人才培养工程'培养对象2018年走进乡村教育手拉手活动"中，我很荣幸与王婧老师结队。王老师为我指明了方向：首要任务是提升自己各方面的能力。于是我多画画、认真备课、撰写论文，慢慢地成长起来，慢慢地定下目标来，朝着目标每天努力提高自己。

到了2021年，我有幸成为广东省冼贤名师工作室的入室学员之一，在与工作室导师和同伴们的共同学习中，我对自己的规划更加清晰，我的教育初心再一次坚定下来，不能只做"教书匠"，要做一名"雪中送炭，锦上添花"的师者。通过面对面的交流学习，绘画创作的指导，课例、论文等方面的指导，我所获的奖项渐渐多了起来，自己在课堂上授课更加地轻松自如，我获得的不仅仅是知识，还有感恩的心，感谢今日的美好，好好努力于当下。我积极主动地和学生聊天谈心，记得有个学生和我说，她以前是很怕上美术专业课的，是我慢慢改变了她的想法，让她渐渐地喜欢上美术，有了要考上好的专业院校的理想，后来她顺利考上了浙江理工大学。点点滴滴，凝聚了我成为良师益友的初心。

"路漫漫其修远兮，吾将上下而求索。"教育美好之路必定需要我去一直探索，在此过程中保持纯粹的教育初心，培养生活中完整的目标，不断优化自己的教学过程，不断地贴近生活，培养积极的人生态度，做个真正有爱的美术教师，不忘初心，砥砺前行！

用爱筑教，抚慰心灵

肖泽堃

北宋苏轼在《和董传留别》一诗中写道："腹有诗书气自华。"阐明了读书与高雅的气质的联系，人们引用它来说明读书可以培养人高尚的品格和不凡的气度。如今社会浮躁，阅读状况堪忧，在这样的背景下，朱永新老师提出"一个人的精神发育史就是他的阅读史"这一理念。2022年4月有幸收到广东省名教师工作室主持人冼贤老师寄给我的《教育的初心》这本书时，我激动不已。我首先被这本书的书名深深地吸引。作为一个在教师岗位已经默默耕耘十几年的人，我的教育初心是什么？我迫不及待地打开书本，想在书本上找到答案。这本书的作者李镇西老师很好地为我们诠释了什么是教育的初心。

一、有爱心的教育

爱心的付出是主动的，是不求任何回报的，爱心是一种善良，是无私的、永恒的。爱心是一种实际行动，而不是口头上的，爱心是发自内心的，而不是形式上的，爱心是长期的，而不是一时冲动的。爱心是平常对身边的事、对身边的人的关爱。它不分大小。李芳老师正是爱心的代名词。李芳的事迹深深地打动了我。她是河南省信阳市董家河镇绿之风希望小学的老师，她真正做到了用爱心抚育每一个学生，甚至把学生当成自己的孩子，这种爱是多么地纯洁和神圣。她对所教学生的家庭情况、性格、爱好都了如指掌，学生中谁家里遇到困难都愿意向她诉说，她总是尽心地去安抚并帮助。她对学生、对家长、对事业的爱是那么朴素又那么自然，滋养着学生的心灵。正因为她对学生一贯的爱和责任，所以在危险来临时她奋不顾身、毫不犹豫地推开身边的孩子，自己却永远地离开了。如果一个人的内心充满了爱，就会带来温暖的吸引、强烈的热情以及无私的付出，就会感染身边的人和孩子，让围绕在她周围的人都充满幸福和阳光。我们应该把李芳老师和许许多多跟李芳老师一样用自己的爱心来抚育孩子们心灵的老师，比如佳木斯市第十九中学的张丽莉老师，作为终身学习的榜样。我想当每一个老师把自己全部的爱都奉献给教育的时候，就没有做不好的教育。而让我深思的是，在这个浮躁的年代，在快节奏的生活中，由于工作、生活的压力等，人们的表情变得单一，情感变得麻木。面对车厢里独自清理泼洒豆浆的10岁小孩，大人们只是冷眼旁观。人与人之间变得冷漠。人们还有多少爱心可以奉献给周围的人？正因为如此，李镇西老师才把李芳老师的事迹记录在《教育的初心》里，以李芳老师的爱心唤醒无数老师的心灵。

二、教育，没必要冠以"素质"的定语

关于"素质教育"和"应试教育"的定义，李镇西老师解释说，"素质教育，就是以发展学生全面素质为宗旨的教育"，而"应试教育，就是以追求分数为唯一目的的教育"。我们现在所说的"素质教育"的内涵本身就是教育的固有内涵，但它的出现也是一个无奈的强调，因为当我们本来内涵丰富的教育只剩下两个字——"刷题"的时候，我们通过"素质教育"来强调并提醒大家，不要忘了"教育的初心"。深深地困扰着我们一线老师的是，我们一边无奈地强调着素质的重要性，一边积极地做着应试备考。我们一边痛斥着"刷题"，一边用着"题海战术"。李镇西老师认为校长和教师是"应试教育"的最大受害者，学生最多受害几年，而教师受害十几年甚至一辈子。我感同身受。应试的压力甚至辐射到初中、小学，让学生的身心健康受到极大的影响，学校里有心理问题的学生越来越多，李镇西老师呼吁：比成绩更重要的是孩子的健康。在长身体、开发智力、形成良好世界观的黄金时间段，各方面对高分的畸形追求，给中小学生的人生观、世界观、身心健康带来不利影响。雅思贝尔斯说："教育是人的灵魂的教育，而非理性知识和认识的堆积。谁要是把自己单纯地局限于学习和认识之上，即使他的学习能力非常强，那他的灵魂也是匮乏和不健全的。"从孔子的"六艺"，到现在的"德、智、体、美、劳"，

都是素质教育，以人为本的教育。所以李镇西老师呼吁回归教育的本质，教育本来就是朴素而简单的事情。

三、美术学习与"高效课堂"势不两立吗

李镇西在《教育的初心》一书中提到语文学习与"高效课堂"势不两立，因为所谓"高效课堂"根本就违背了语文教学的特点。"语文"最主要的不是知识，而是思想、情感、能力、视野、价值观。我感觉这几个词也完全可以用在美术学科学习上。李镇西老师说美术是技能型学科，重实践和体验，同时也跟人文分不开。可见现在很多高中美术教学也违背了重实践和体验的观点。甚至连美术鉴赏课的开设也得不到保障，跟人文的东西距离更远。中国的优秀传统文化博大精深，中国优秀的国画艺术、书法艺术世界闻名。然而美术教师在教学过程中肩负着让学生了解、传承中华优秀传统文化的神圣使命。但是在应试教育的影响下，很多学校只有高一年级开设了美术鉴赏课，而且仅有的几节课也经常被其他科目占用，高二、高三就停止开设美术鉴赏课。据我了解，学生都非常喜欢和期盼上美术鉴赏课。在世界多极化、经济全球化、社会信息化、文化多样化深入发展的今天，学习美术鉴赏知识变得尤为重要，它是学生受用终生的人文素养的重要组成部分，它需要同学们积极参与、传承、进行审美再创造。美术鉴赏课程在贯彻国家"立德树人"教育根本任务，培育、提升高中生核心素养的目标中担负起美育功能。所以发扬和传承中华优秀传统文化任重而道远。

美育是审美教育，也是情操教育和心灵教育，不仅能提升人的审美素养，还能潜移默化地影响人的情感、趣味、气质、胸襟，激励人的精神，温润人的心灵。美术不仅仅是教会学生一项技能，而是普及学生的综合素养，使学生获得伴随一生的审美品位。美术的学习需要潜移默化、日积月累。经典的美术作品之所以经得起时间的考验，除了有高超的绘画技巧，同时包含了丰富的情感。这种情感是复杂的，是综合的，是通过实践和体验得来的，是对现实生活的一种折射、对美好事物的切身感受。也不知道是哪一段话、哪一件事、哪一处美景、哪一个人深深地打动了你，而你迫切想用绘画的形式记录下来。

四、结语

读了李镇西老师的《教育的初心》一书后，我产生了极大的共鸣并陷入沉思。教育行政部门是教育政策的决策者，是教育评价的主宰者。教育政策改革和评价方式的改变难度是极高的。作为普通一线教师的我唯有保持爱心、保持教育的初心继续前行。

初心不改，深耕不辍

瞿康辉

书犹药也，善读可医愚

喜欢读书的人总能挤出各种零碎的时间去读书，读书少的人却总能找到各种不读书的理由，我应该属于后者。我喜欢读历史、艺术、文学类的名著，但很少读所谓的教育理论或者教育思想类的书，因为我害怕这些书本里的"鸡汤"喝多了容易让人失去自己的思考。

从教近二十年，我教过小学、初中、高中，每一个学段的学生都有不同的特点，我都用心感受着不同年龄和不同学段学生的内心，真正的教育思想是发自内心对教育的热爱和对学生的关爱，我没有什么教育口号，也没有什么成熟的教育理念，仅凭一颗勤勤恳恳、踏踏实实的心为学生、为教育服务。所以当工作室首次推荐这本号称"教师必读十本教育书籍"之一的《教育的初心》时，我多少还是带有一点抵触心理的，我以为书里依然都是那些"鸡汤"类的东西，老套地引用几十年前甚至上百年前某某教育家的教育思想或者观念，满篇高大上的大话、空话，理论的条条框框永远离不开近现代的那几个教育家或者心理学家，若没有名人名言的支撑，作者就没有信心阐述自己的教育思想和理念。正是因为带着这样的疑虑，当我收到工作室寄来的书本时，我先是打开书本的目录，试图通过目录来判断这本书我到底应该精读还是浅读，令人欣喜的是，我看到的不是教育理论书籍的普遍样式，书本里没有充满形式主义的标题，与其说《教育的初心》是一本李镇西校长的教育思想类书籍，不如说它更像一本教育笔记式的散文合集。特别是在书本开头，李校长对自己的介绍：让人们因为我的存在而感到幸福！这不就是我们作为教师都渴望实现的职业幸福感吗？

"初心"就是最初的愿望与信念。教育的初心指的就是我们选择当教师时那最初的信念与愿望，读完李校长的书，我不由自主地开始思考起自己的教育初心，我为什么会选择教师这个职业？我又希望自己成为怎样的教师？

我高中时所就读的学校是一所农村高中，每年高考排名都是倒数第一，因为学生入学成绩本身就很差，再加上学校许多老师责任心不够，导致了如我一般资质不好却还想努力读书的孩子对学校和老师产生很多怨言，读书时看到许多不好的榜样，甚至让我怀疑教师职业的崇高性。那时候我的很多同学只要谈到未来的职业，大家不约而同都说以后不会选择当教师，因为教师这个职业似乎在他们心目中没什么好感。多年后的今天再想起此经历，我思考更多的不是如何责怪当年我的那些老师，而是深感作为一名教师，自己的言行和工作态度对学生的影响有多大。大学时，校园里一个我每天上课都会经过的路口挂着这样一条标语：教师是太阳底下最光辉的职业。每次经过那里我都会因为自己将来会成为一名教师而感到骄傲，因为我相信有了前车之鉴，我一定会做得更好。

教育的初心是培养有德之人、圣贤之人，这样的人既能克己复礼、独善其身，又能推己及人、兼济天下。回想自己从跨入师范学校的那天起，学校和师长们就教育我们要"身正为范，学高为师"，"身正"即是对教师的品行和道德的至高要求。德国哲学家雅思贝尔斯说："教育就是一棵树摇动一棵树，一朵云推动一朵云，一个灵魂唤醒另一个灵魂。"我们要以教师的高尚道德影响每一个学生，甚至是与我们接触的人，这不就是李校长所追求的人生境界——"让人们因为我的存在而感到幸福"吗？这里的"人们"不仅包含了李校长的学生、朋友、同事和亲人，还包括了读过李校长书的每一位读者，这不就是李校长的教育初心吗？

读完《教育的初心》，我对教育又有了更为深刻的感悟，作为在教育一线工作十几年的教师，我的初心似乎也渐渐清晰。

发

"发"意为"发心"，师范毕业后我成了一名农村中学老师，在农村中学耕作的五年里，我兑现了我报考师范时的初心，主动承担年级较为薄弱的班级的教学工作，地理、历史、政治、美术，无论学校安排我教授哪个学科，我都尽心尽力，备课、上课从不懈怠，善待每一位学生，用爱浇灌每一朵花儿。

高中毕业后我是带着些许生活的压力和些许不服气选择了师范的，因为我觉得当时我的许多高中老师令我特别失望，在同学们心目中印象很差，不受学生的尊敬，我相信如果我做了教师，我可以做得更好，我能改变教师在同学们心目中的样子。当年农村孩子与城里孩子差别很大，很多孩子本身就缺少家庭和父母的关爱，作为农村教师更应该在学生学习和生活中承担起应有的责任。在农村工作的那些年，我秉承自己的初心。那时候二十来岁的我总感觉有用不完的精力，我喜欢与学生相处，我们一起在操场上奔跑，一起在田间地头散步聊天，他们的纯朴与真诚常常让我热泪盈眶。如今从农村中学走出来十几年了，我依然和他们当中很多同学保持着联系，他们在生活、工作和恋爱中遇到问题经常会寻求我的帮助，他们信任我，在他们的身上我又找回了属于教师的那份崇高感。我或许做不到"让别人因为我的存在而幸福"，但是我可以做到"让学生有困难找到我的时候很踏实"。

悟

教育的直觉就是用心感悟，研究生毕业后我入职北京一所私立小学，从中学到小学，不同年龄段的孩子给我带来不同的工作与生活感悟及思考，小学生的天真无邪，让我从不忍心对他们大声说一句话。我们学校是寄宿学校，教师在孩子心目中既是老师也是家长，上课时他们会遵守纪律，对老师一呼百应，下课后他们会围绕在老师身边各种撒娇耍赖，那时候的我每天犹如一个孩子王，生活和工作都充满了童真的欢乐。此时我理解的"初心"就是把自己的心交给学生，以"心"换"心"，让学生喜欢老师、喜欢课堂，让教育充满美好阳光的味道。我离开北京的时候，孩子们抱着我痛哭流涕，不舍得离开教室，为我亲手制作了送别卡片，写下了感人的话语；还为我召开了直到今天想起还让我感动不已的欢送会，这时我才发现，我一直以为是我的"心"换得了孩子们的"心"，其实是孩子们的"心"感动着我的"心"。

我相信小学生的身上是有灵性的，你对他的包容或许可以成就他的天分。去年因为一个偶然的机会，我找到了一位已在清华美院就读的学生，我教他的时候他才六年级，当别的孩子都能画出漂亮而完整的儿童画时，他却整天喜欢画那些火柴人故事，学校的展览和比赛他从来都入选不了，但是他从不气馁，每次都会拉着我跟我解释他画的故事，而我也一直鼓励他把这种充满想象的思维保持下去，如今他跟我说老师当初一直肯定他，才让他保持了这份对绘画的热情。

行

随着工作与生活的变动，我对教师职业的感悟也在不断深入，从农村到城市，从师范到读研，从教小学到教高中，每一段人生经历都为我的教师生涯带来了无限思考，如今的高中学生已经有了非常独立的思考能力和辨别能力，而人到中年的我对于教育的认识与思考也变得更为理性，当下我身处一所重点高中，美术老师和美术课在学校教学中所处的地位是不言而喻的，但对待学生的"初心"我从未改变，我希望通过自己的学识和教育水平来影响我所教的学生，让每一个上过我美术课的学生感到幸福，这也是对我教育初心的一种升华。学校里许多拿到高级职称的老师已经选择"躺平"了，连一节普通的公开课都不愿意承担，这样的老师又活成了几十年前我读书时那些老师的样子，我为此感到不齿。虽然我无法改变他们，但是我依然努力做好我自己，我的课重不重要不是因为它需不需要考试，而是取决于同学们喜欢不喜欢，当报告厅里同学们多得只能站着听我的讲座时，我就如当初在大学校园里看到的那句标语时一样无比骄傲。我没有李校长那样丰富的学识，也没有他那么深厚的理论功底，对教育的研究也没有那么深入，作为一名普通的一线教师，我的"初心"更多的只是围绕我的教育对象，我理解的"教育初心"既可以向李校长那样宽广宏大，也可以如涓涓细流。总而言之，就是踏踏实实做好自己的本职工作。

春风化雨，润物无声

区碧蕾

李镇西老师《教育的初心》这本书，围绕着"朴素最美，关注人性做真教育；幸福至上，享受童心当好老师"的教育理念，阐述教育应该充满温度，课堂应当充满爱，认真阅读之后我颇有感触，不禁对自己的教育初心也有了更为深刻的思考。

一、专业至上，精益求精

"教育"一词应包含"教书""育人"两层含义，这份育人的工作面对的是一个个鲜活的个体，作为施教者，不但要有良好的职业操守，还要具备过人的专业能力。从事一线美术教学工作17年，偶尔会有一些朋友这样对我说："当美术教师真好，可以到处游玩（写生、看画展），不用备课、不用批改作业，每天都可以画画、练字，这多么轻松啊。"这听起来是多么轻松的事儿，真的是这样吗？这也是多年来外人对美术教师这个职业存在的误解。由于美术学科的实操性较强，美术教师需要大量的技能训练以及艺术综合素养的提高，才能适应新时期的美术课堂教学工作。写生采风、鉴赏艺术作品、观摩展览或是绘画、习书，都是我们美术教师提升自己的日常。教师有了高度，才能对学生有更高层次的引导与帮助。当然，我很享受这个过程，这源于我对美术专业的热爱和对教育的执着。

教育以人为本，教书的目的是育人，教会学生知识会让我有种喜悦的成就感，而教会学生做人、做事，会让学生终身受益。教师的一言一行都可能影响学生，所以教师不但要有高尚的品德，还要有过硬的专业技能。教育的使命是培养具有自由精神、创造能力的人，因此教师最应该拥有舒展的心灵，我们可以通过提高自身的专业素养如认真备课、上课、批改作业，确保上好每一节课，提高教学的质量；积极参加教学研讨活动，在教学中勇于创新，养成课后写总结反思的好习惯，把总结反思提炼并形成促进职业发展的理论。还要在教学中认真探究，开展课题研究，成为探究型教师，努力利用课余时间通过网络平台学习、面授学习、自主学习等方式进行美术专业的学习，提高美术专业的素养，确保过硬的专业技能，在各种教学比赛、艺术比赛中开阔眼界，发现自身的不足，不断改进，不断进步。

二、以爱之名，润泽心田

雅思贝尔斯说："教育是人的灵魂的教育，而非理性知识和认识的堆积。谁要是把自己单纯地局限于学习和认识之上，即便他的学习能力非常强，那他的灵魂也是匮乏和不健全的。"

教育，本来是充满人性、尊重人性，也滋养人性的。不知从什么时候开始，我们的教育成了一种培养"霸气"的活动，学习则成了一场充满硝烟味的战争。"学霸""学渣"这些词，我们同辈宝妈也经常会提及。学习成绩好一点的孩子经常被称为"学霸"，学习成绩稍微弱一点点，有父母会笑称自己孩子为"学渣"。在我看来，这些玩笑真是开不得，对任何一个孩子来说都是一种无形的伤害。孩子爱学习的好习惯的养成，与学校教育、家庭教育、孩子自身的努力是息息相关的。我们都必须在每一个关口去耐心引导他们走上正确的道路。告诉孩子考好了不骄傲，考差了不气馁，教会他们正确的人生价值观，热爱生命，热爱生活，热爱学习。每个孩子身上都会有他们的闪光点，作为教师，我们应该学会发现学生的优点，学会因材施教。在教学中会遇到很多的状况，有一次社团课，我正在指导某位同学进行课堂练习，当时她看到我站在旁边，就立即使用橡皮刷去刷掉画面。我问她："为什么要刷掉呢？不是画得挺好吗？"她的回答让我惊讶。她说："老师，我觉得自己画得不好啊，学习也不好。"在教学中，我们会遇到厌学、缺乏自信的孩子，我们应该如何去做呢？首先，我们可以通过在教学中激发学生的兴趣点，提高学生学习的动力，培养学生热爱学习的良好习惯。在课堂中可以使用多媒体、音乐、视频、图片、游戏等媒介与课堂有机结合，使用任务、游戏、提问等方式，提高学生上课的专注力，加强学生在课堂中的参与度，让学生慢慢养成认真学习、思考的良好习惯。然后，在教学中通过鼓励和学生积极参与课堂活动等方式，提高学生对自身能力的肯定。在课堂中，鼓励学生在学习中养成思考、大胆创新、勇于探究，通过学习小组的形式培养学生自主学习能力。学习小组由不同层次的学生组成，培养学生的团队精神，增强学生集体荣誉感和参与感，通过互助的形式有效提高学生自主学习的能力。作为一名教育人，要谨记，教育是平等的，受教育也是平等的，我们要保持初心，以爱孕育每一朵花儿，让他们百花齐放。

三、从"心"出发，德育先行

生活中成年人会教育孩子要讲文明、有礼貌，教育他们要遵守社会道德与法律，却往往容易忽视自己的行为，如：开车使用手机，随地吐痰和乱扔垃圾，横穿马路，随处吸烟，插队，等等。教育别人，自己却不能遵守，这是何等羞愧的事。

身正为范，学高为师，教师要成为孩子的榜样，懂得言传身教的意义，我会通过课堂教学渗透课堂以外的德育内容，如：要尊重师长，遇到教师要主动问好；团结同学、文明有礼、讲文明用语；饭堂打饭排队不插队、在公路上严格遵守交通规则；骑单车不并排行驶和不戴耳机听歌；等等。我每天也以自己的实际行动去感染着每一位学生。

永葆童心向孩子学习，让生命简明、纯净、天然。阅读李老师《教育的初心》，让我更加坚定自己的教育初心，从教多年我依然能够对教育充满热情，这种热情源于我对教育的热爱，也源于学生爱的反馈。

仁爱之师，塑造品格

龙惠芳

　　教育是需要信仰的事业。德国思想家雅斯贝尔斯曾指出："教育需要信仰，没有信仰就不成其教育，而只是一种教学技术而已。"读了李镇西老师的《教育的初心》，我感到真正的师者应对教育事业怀着崇高的使命感，把教育事业作为一生的追求，从中体验到生命的意义和价值。悠悠历史长河中无数的优秀老师无私奉献、心怀信仰、躬耕讲台、不懈努力，成为当代中国教育的财富和引路的明灯，才谱写出中国教育的辉煌。

　　我从广东省冼贤名师工作室开展的研修活动"名教师名师荐名家"和"名师荐名著"活动中接触到李镇西老师的教育思想，他的信念、思想、德行、智慧等深深触动了我。李老师把自己在工作中的经验体会与大家分享，批判、质疑教育不良现象，为中国教育奔走疾呼，更是作为耕耘教育事业的深度从业者的使命践行，为教育事业，牢记教书育人的初心。

　　李镇西老师的教育理念是朴素最美，关注人性做真教育，幸福至上，享受童心当好老师，以及他和学生共同追求的人生境界是：让人们因我的存在而感到幸福。

一、尊重学生，严而有爱

　　李老师一生致力于教育事业，能从学生角度思考与解决问题，始终以"立德树人"为根本任务。他给学生树立了好的学习榜样，在《比成绩更重要的是孩子的健康》一章中提到的健康比分数可贵、幸福比优秀更重要的观点，在《语文学习与"高效课堂"势不两立》中提出语文课堂应有欢笑、沉思、感动、熏陶、妙趣横生、怦然心动、热泪盈眶的观点，乃至在《请给爱学生的老师以爱学生的时间》中提出对于不爱教育也不爱学生的人来说，就算工作再轻松也不会把时间用于爱学生的观点。他真正地参与了学生的成长，切切实实地表现了对学生的爱，同时也给我们以熏陶和启示。

作为专业美术教师，除了要教学生专业知识外，还要对学生进行心理健康教育，关爱学生，克服各种障碍，排解各种压力，让山区美术生在学习、训练中健康成长，顺利考上理想大学。教师要非常注重学生的品格塑造，它包括管理自身情绪、抗压能力、自我效能感、专注力、感恩等。

1. 乐于倾听

很多学生都会有这样或者那样的困难和想法，而且都会跟老师倾诉。遇到问题第一时间会跟老师讲，这也是学生对老师的信任，他们希望通过老师的帮助把遇到的困难或不开心的事解决掉。而我们老师只需认真地做他们的听众，耐心倾听，了解学生的心理历程和遇到的困境，一边倾听，一边安慰学生的情绪，让学生的问题能够得到及时的解决，获得心理上的安抚。

例如，我曾经帮助过一位学生，她有一段时间非常担忧，怕高考考试考不好，晚上经常失眠，感觉备受压力，从而导致胃疼、担忧、焦虑、不想学习。我通过倾听她的困惑，找到她困惑的原因，给予及时的安慰和正确的引导，让她重拾信心，努力学习，最后考上了理想大学。

2. 关注心理

山区高中美术生在学习过程中肯定会遇到很多困难和压力，关键是教师如何进行心理辅导，如何对学生进行心理辅导。

首先要热爱学生、关注学生、尊重学生，与学生做朋友，让学生信任你，积极与学生沟通，帮助学生形成良好的心理素质。其次运用专业教育知识，将健康的心理素质教育渗透到教学中去，充分发挥学生的个人潜能，提高心理健康水平。最后帮助学生正确地认识自己，提高个人认知，认识自身水平与环境，克服在学习中遇到的各种问题，缓解自身压力。

3. 分享与沟通

教师要引导学生多交流与分享，可以令学生分组实践。可以让成绩优异的同学去帮助学习能力较弱的同学。通过帮助其他同学评画、示范，与人分享经验，在班级中起到带头作用。经过一段时间的实践，全班同学的精神面貌有所改善，变得积极向上、乐观、勇于表达自己的想法，团结互助，班级的凝聚力增强，充满正能量。

在教育教学中，教师要善于观察学生的表现，特别是学生心理的表现，了解所教每个学生的性格。如果学生遇到烦心的事情，从表情、言语或动作方面或多或少都会表现出来一些异常，因此，在平时教学中要时刻留意学生的心理或压力的表现。如果有学生出现和平时不一样的表现，教师要及时进行心理干预，把学生的心理问题消灭于萌芽中。

二、阅读沉淀，提高素养

书中讲道："没有阅读就不可能有个体心灵的成长，不可能有个体精神的完整发育。"当今时代，科技迅猛发展，互联网的发展在不断改变着人类生活的各方面，同时也给教育带来了深刻的影响。互联网时代改变了传统意义上的学习方式以及教育管理方式，教育面临着一系列的新问题、新挑战和新机遇，因此，很多人会忽略阅读。我记得大学时的一位老师曾经说过，很多知识或遇到的要解决的问题都可以从书中获取，要养成多读书的习惯，特别是好好地利用学校的图书馆。通过读书能够增长知识，提高修养。北宋大文学家苏轼在《和董传留别》诗中写道"腹有诗书气自华"，胸中有学问的人，气质自然光彩照人。

李镇西老师在书中通过引用苏霍姆林斯基的观点说明阅读的重要性。苏霍姆林斯基在《给教师一百条建议》中认为书籍对学生的全面发展起到巨大的作用。如果学生不曾彻夜攻读那种描写杰出人物而动人心弦的书籍，不因此备受鼓舞并开始思虑自我，那就不能认为他受的是货真价实的教育；如果青少年没有喜爱的书和喜爱的作家那就不可能真正得到全面发展。

我曾经教过的一个学生，平时性格活泼，某段时间他显得很安静，不怎么说话，经常缺课，成绩一直在退步。于是我找他聊天，原来他喜欢上了网络游戏。我通过多次与学生沟通和家访，及时干预他的问题，成功说服他戒掉了网游，同时介绍了很多有益的书籍给他。渐渐地，他把心思转移到了学习上，树立了自己的目标，在高考中考上了本科院校。

这是一个需要不断吸取新的知识的时代，除了网络资源外，我们还要通过广泛的阅读，吸取人文素养，使个人的素质得到进一步的提高。李镇西老师在

《学校明明就是读书的地方，为什么还要"营造书香校园"？》中强调如何读书：把好书化作自己的灵魂，要用质疑、研究、批判的态度去读书。我们要引导学生阅读丰富多彩的人文与学科读物，而不仅仅是教材教辅与练习题。

"师者，所以传道受业解惑也。"无论何时，师者应以传授知识、培养人格、塑造灵魂为目标，回归教育的初心。通过阅读《教育的初心》这本书，我从中学习了李镇西老师的教育理念与故事，更加坚定了我的信念，无论何时，都不要过多地注重形式，不要被事物的表面所迷惑，而要更多地去研究分析事物的本质规律，回归教育朴素的本质和初心。

勤学善思，永葆初心

丁皎先

在这一次工作室"名师荐名著"的活动中，主持人冼贤老师推荐的是李镇西老师的《教育的初心》这本书。说实话，在繁忙的工作和生活里，我已经很久没有好好拿起一本书安静地阅读了，更不要说深入地去读一本书。刚看到书名时我原以为是生涩难懂的教育理论书籍，翻开之后才发现，书里描写的是一个个身边常常会遇到的小场景、小故事，而这些简简单单的小故事却能折射出社会百态。我不由渐渐被吸引，进而慢慢被书里的故事所触动。

一、教育之于家庭

我是一个教师，同时也是一个母亲，和中国千千万万焦虑的母亲一样，生怕孩子输在起跑线上，从小就给他们报各种培训班学这学那。尤其是他们上了小学以后，面对各种培训班、学校的功课、每天的体育锻炼，我忍不住开始各种催促：上网课、做作业、背单词、跳绳、喝牛奶……"快一点！""你怎么那么慢！""要迟到了！""都怪你，慢吞吞的！要不然也不至于"……弄得自己疲惫不堪，他们一旦磨蹭、做不完作业，我就火冒三丈，大声吼他们，发脾气，也因为这样，我和孩子的关系日益疏远：以前他们还会跟我撒娇，叽叽喳喳说各种事情；现在孩子每天回家，拖着疲惫的身体躺在沙发上，问他们问题，都懒得说话，而我一到时间，又催着他们做作业、背书、做题……现在回想起来，不论是催促还是发脾气，都不起任何作用，孩子当时或许会顺从，但是过后仍然会按照他们的意愿做事情，没有任何转变。我其实能感受到他们的不开心，但是我似乎也没有更好的办法。有一天弟弟问我：妈妈，你以前为什么喜欢学习？我突然意识到：他这是对学习这件事产生了疑惑，甚至有厌学的苗头了！我开始留意到他的一些行为：常常在厕所里待很久，每次做作业都不情不愿的，坐在书桌前会流露出疲倦的神情，常常三个多小时写不出四百字的作文……这些端倪使我不禁问自己：我这样每天盯着他们的学习究竟是对是错？我既担心又心疼，担心他们将来无法跻身竞争激烈的社会，过得辛苦；心疼他们过早地背负学业的压力，失去孩童的快乐。可是我又害怕我的宽容变成纵容，让他们在应该努力的年龄荒废学业，没有克制力而沉迷于手机游戏。因此我是非常矛盾的，也是无措的。

我用几十年人生的经历做出的决定，提出"为你们将来好！"的口号让他们参加各种兴趣培训班，对才几岁、十几岁的他们来说公平吗？我自己有幸福欢乐的童年，凭什么他们的童年却充斥着铺天盖地的培训班？我在《比成绩更重要的是孩子的健康》这篇文章中看到，并不是"只有成绩好——标志便是考上重点高中和重点大学——才是好学生"，把童年作为成人的准备而不是独立的，同样应该拥有幸福体验的人生阶段，片面甚至极端地信奉"宝剑锋从磨砺出，梅花香自苦寒来""头悬梁，锥刺股"的"励志"古训……脑子里塞满了这些似是而非的教育观、成才观，那将是缘木求鱼。改变固执的观念，换位思考，设身处地去想想孩子真正需要的是究竟什么。

二、教育之于学校

《师说》里提到：师者，所以传道受业解惑也。教师的职责在于教书育人。无论作为教师还是家长，我们都应该从自己做起，把"素质教育"落实在行动上，课程的设置必须由一切为了应试成绩向一切为了学生的一生发展转变，让"尊重个性""因材施教"成为每一个教师的自觉。时代在发展，课堂也在不断改变，传统的教学方式在互联网信息爆炸的大环境下渐渐显得单一，为了跟上时代，我们也在不断地研究教学，进行教育的改革，希望能找到适合这个年代的更有效的课堂教学模式。

当看到书里《高效课堂并非包治百病》这篇文章时，我很认同李老师"不同的学科，也不可能都高效"的看法，每个科目的特点是不一样的，知识灌输可以高效，比如有些科目有公式，学会例题举一反三，找到方法可以高效；有些科目有概念，背熟内容、学会运用也可以高效；但是有些科目不仅仅是知识，还包括兴趣培养、习惯养成、思维能力培养、品质培养等诸多方面。比如语文，语文在能力的培养、素养的提高、心灵的滋养和精神的提升方面需要一个漫长和持续的过程，我们不可能通过教一篇文章就提高学生的人文素养，就像小孩子不可能一下子长高，吃下去的东西需要时间消化吸收，文学素养是不可能一蹴而就的，需要通过大量的阅读，进而体会、感受、积累、沉淀形成文学素养。

同样，假如教学生画国画，教会他画一幅完整的牡丹花，然后他用这幅画参加各种绘画比赛，画得炉火纯青，屡屡获奖，我们能说他学会了国画、有美术素养吗？从某种意义上说，他只是学会了国画牡丹花的绘画技法，是表面的、肤浅的。"会画国画"是不是应该对国画的相关知识有所了解？比如国画的种类，工具，作用，产生、发展的历史，各个朝代有哪些名家名画，等等，学会欣赏国画，提高对国画作品的鉴赏能力，提高美术素养，而不仅仅是会画一幅牡丹图而已。

新课改对各个学科的学科素养有着针对性的核心素养要求，我们美术学科的核心素养是：图像识读、美术表现、审美态度、创新能力、文化理解。我们在课堂教学实践中，如何将核心素养的要求融入课堂当中，培养学生正确的审美观，提高学生感受美、欣赏美、创造美的能力？这个跟学语文一样，需要一个漫长的过程，不是一两节课能够达到的。我相当认同李镇西老师说的"有效比高效更符合教育规律和教育本色"。

教育教学必须根据学生身心发展和学科学习的特点，关注学生的个体差异和不同的学习需求，爱护学生的好奇心、求知欲，倡导自主、合作、探究的学习方式。我跟随冼贤老师进行《基于核心素养下山区美术生合作学习策略的研究》的课题研究过程中不断尝试用各种教学方法帮助学生进行小组合作学习，在小组教学中注意帮助学生克服自我中心的思想倾向，使他们积极参与讨论及其他活动，学习正确自如地表达，敞开自己的心扉，同时也学习倾听他人的意见，吸纳他人的意见，深入别人的内心世界，在追求共同目标的学习过程中，学会协作和分享，学会宽容和沟通。

"十年树木，百年树人"，教育是一条漫长的道路。在教育的过程中，要真正学会换位思考，孩子在成长的过程中有这样或那样的梦想与追求，学习上有这样或那样的表现甚至有错误，这些都应该被理解、宽容和体贴，家长和教师应该满腔热情地因势利导、因材施教。遵循教育的规律，让孩子身心健康地长大，他们才能成长为祖国未来的栋梁。

悦读初心

张宝山

有人说，读一本好书就是和一位大师对话，这句话我以前没有深入理解过，最近理解却深刻了起来。几天来我专心阅读了李镇西老师的教育专著《教育的初心》，边看边与自己平时的工作相比较，有了感触，有了共鸣。

一、做多读书、读好书、善读书的教师

我参加工作以来很少阅读书籍，认为每天都要上课、备课、批改作业、五花八门的常规检查、评比工作等，根本就没有时间去阅读各类书籍了，更不用说每天坚持读书。即使读，也只读教科书和教学参考书，对于阅读文化追求，写写教育随笔，已是自己的一种遥不可及、难以抵达的境界了。在阅读《教育的初心》一书时，看到李镇西老师说"一个人的精神发育史就是他的阅读史"，他告诉人们"每一个知识分子或多或少应该有自己的藏书"。读书成了李镇西老师的内在需要，成了他情不自禁的习惯。火车上、候机室甚至农家乐都有他手不释卷的身影，他用等公交、排队购物、乘地铁这些可利用的零碎时间阅读几行文字甚至一篇文章。

阅读可以丰富知识，有人说"一个人的知识越多，越感到自己的无知"，也有人用圆表示过自己的知识，圆越大与外边的接触就会越多，就会觉得书读得越少，越会觉得有读不尽的书。我们现在生活在最好的时代，有多样化的阅读渠道和丰富的阅读资料，应该要拓宽渠道，广泛阅读，要知道一些古今中外的文学名著、天文地理书籍、科普读物、文学时事、体坛名人等，从各方面吸收营养，丰富自己，充盈自己。李镇西老师在参加工作之后，受他岳父的影响

常阅读语文教学以外的书籍，从中知道一个语文老师应该有远比"语文"更宽阔的人文视野，教语文不能就论语文，要从教育的高度看语文；搞教育不能就谈教育，要从社会的高度看教育。为了适应教育事业发展的需要，必须加强学习。学习虽然不能帮我们解决所有的问题，却能给我们一个更好的视野。读书是为了让我们更宽容地去面对这个世界。网络时代，信息像潮水一样涌来，我们很难像过去一样耐心地去读书。许多东西正在泡沫化，像泡沫一样到处飞扬。我们要有选择地读书，做到多读书，读好书，善读书，在读书中做到博学、审问、慎思、明辨、笃行。只有对自己做到"学而不厌"，才能对学生做到"诲人不倦"。

二、做有情怀的教师

做教师最重要的是拥有教育情怀和仁爱之心。教师面对的不是冷冰冰的机械零件，而是活生生的生命，他们有情感、有个性、有自己独立的人格。保护好学生的成长利益是我们教师重要的责任，我们是学生学习路上的引路人，引导他们学会观察、学会思考、学会学习，是我们重要的责任；我们教师有责任帮助学生实现心中美好的理想。教师这个职业需要意志和心灵的不断更新，以获得力量和勇气，没有一点教育情怀，就不会有耐心和爱心。李镇西老师2015年从校长的位置改任主持全区新教育实验，又任全国新教育研究院院长，站在更广阔的视角，深入更多的实验学校，接触更多的学生、教师、校长、家长，他不变的爱心在生长，爱得更深、更宽。他呼吁"请给爱学生的老师以爱学生的时间"；他希望"当这位10岁女孩在擦拭车厢地板时，周围的成人不要那么麻木"；他大声疾呼"比成绩更重要的是孩子的健康"；他提出"也应该给家长减负"……读着这些从爱心中涌流出来的文字，谁的爱心能不一次次产生共鸣呢？谁的爱心能不萌发生长呢？读李镇西老师的书之后，每个人内心原有的爱学生、爱事业的心灵之树都悄悄成长。教师不只是一份简单的职业，教师的身上肩负着世代成长的重任，无关名利，无关地位，而是把教育当作一种安身立命的事业看待，以一个兢兢业业的匠人的态度，永怀仁爱之心，传道、授业、笃实、勤勉、坚忍，从而成就教育的人生。

三、做有幸福感的教师

歌德说：你要欣赏自己的价值，就得给世界增加价值。尽力履行你的职责，那你就会实现你的价值。教育必须为学生的人生幸福服务，对自己的幸福有所作为。因此，要能为学生带来幸福，必须要成为具有教育智慧的教师。作为教师，职业内在的尊严与幸福源自学生的发展。当我们看到学生在自己的指导下成长、进步，这就是最大的幸福。尤其若干年后，听到曾经的学生后续的发展时，那更觉得是一种幸福。学生的发展关键是我们对教育工作的投入程度。我们应在工作过程中钻研，探索出具有自己智慧的教育艺术。具有教育智慧的教师才能不断体验到教师职业的尊严与幸福。教育的幸福是一种主观感受。李镇西老师几十年来，教语文、当班主任、当校长、当院长，把每项本职工作都做得成果卓著，同时又写了这么多日记，出版了70多本专著。有人问："你是如何坚持下来的？真有毅力！"李镇西答："不觉得这需要什么'毅力'，因为这本身是一种需要，这种需要变成了习惯……用文字记录自己和学生每一天的成长是一件非常有意思的事。""每天发生了什么值得记录的事，我总是当天就写下来。也不为发表，就是类似于写日记的那种习惯。迄今为止我出版的60多部著作，都是习惯性写作水到渠成的成果。"习惯了，不写不舒服，写了很踏实、很舒服、很幸福。教育本来是朴素而简单的事，我体验到写作的快乐，体验到阅读过程中增长智慧的愉悦。教师只有不断阅读与写作，才能成为一个思想者，才能成为一个具有教育智慧的教师。只有加强自己的职业道德修养，尽到对学生的责任，才能成为一位好教师，才能在履行责任中实现自己的人生价值。

愿有多大，路有多长

黄清华

读书是通往梦想的一条道路，读一本好书，让我们得以明净如水，帮助我们开阔视野，丰富阅历，有益于人生。

一、原文摘要

李镇西老师在《家长，我教育的最大阻力就是你的不信任》一文中指出，"没有家长对学校和老师的起码信任，又哪有真正的教育？不能因为遇到过一次小偷，便怀疑所有人都是贼；不能因为遇到过不良教师，便怀疑所有教师都是'眼镜蛇'。作为从业36年的老教师，我可以摸着胸口负责任地说，相比起其他行业，教师和医生、警察一样，是最富良知的从业者之一！学校当然也有败类，但因此而让绝大多数善良、正直、敬业、智慧的老师背黑锅是不公正的，一颗颗真诚的教育心却不被信任，是令人心寒的。"

正如李镇西老师所追求的人生境界"让人们因为我的存在而感到幸福"，我作为新读者读完这本书也感到幸福。冼贤老师也说过："对老师工作的信任与尊重，就是教育'赖以飞翔的空气'，教育的故事永远说不完，教育的故事也不可能离开教师与学生，个别想象不能以偏概全，家长和社会要相信每一位教师的'初心'。"

二、关于内驱力

首先，内驱和外驱的区别就是，"内驱力就是自己驾驶一辆车，自己有方向感，自己能控制节奏。外驱力就是你坐在汽车里，但你是被车拖着走的。你虽然在移动，但你掌握不了方向，车停下了，你也就停下了”。有内驱力和没有内驱力，最后的行为表现是截然不同的，当你内心有驱动力，会让你充满激情，主动思考，积极行动，不断进取。例如，这学期我任教的班级是高二（2）班，这是我跟马老师从高一带到高二的艺术班，我见证了美术生在画室学习术科的专注和回到教室学文化课的漫不经心，在即将进入高三闭关训练术科的重要关口，回想我们班的方方面面，我想谈以下两点。

1. 打造敢管善管的班级干部

艺术班的管理的确比较难，班主任梁老师从培养一支敢管善管的班干部队伍出发，在班级工作上，班干部各司其职又互相配合。有时文化自习课、画室写生训练的管理工作确实不容易，贯彻下去也比较难，美术生要专注，喜欢静，但总有几个女同学好动、坐不住、走动多，说话也多。纪律委员都无语了，可班长总会笑着说：“不怕！我们再协商沟通。”就这样，班级管理顺了。

2. 营造良好的班风学风

我们都知道保证纪律，成绩才能有保障，历史专业的梁老师在平时班会课上，经常跟同学们分享名人故事，这不是真的期盼他们能像名人一样做出影响世界的举动，而是希望他们能拥有名人身上宝贵的品性，比如坚持、努力、勤奋、善良、正义。希望同学们都能在学习上、生活中遇到困惑时，想起这些名人的挣扎，给自己找到一点儿光亮；更希望他们在为艺考做准备的时候，想起这些名人的选择，找到内心真正想要追寻的方向。结合自身经历，我跟马老师会不约而同地在美术课堂中适时讲述往届艺术生的奋斗史、就业情况等，希望能给他们的生活增加背景色，能给他们的人生增加厚度。这都是在激发同学们的内驱力。

就这样长期坚持，潜移默化中我们班有相当一部分同学的努力感动了我，他们只有一半的时间学文化课，所以他们更懂得珍惜有限的时间，他们的练习册全部都做了，而且都用红笔改了，有不明白的，利用课后时间到级室请教老师，有时问到有些科任教师连课间10分钟都没空喝水，又赶去上课了。他们问的问题从稀奇古怪的到专业性强的都有，通过努力，他们拼上来了。这次期中考试，我们艺术班刘佩珊同学语文成绩年级第一、陈思诗同学总分在文科名列前茅、单科总分年级前10名都有3个、年级进步前30名有4个同学。曾经有同学因为觉得去饭堂排队打饭浪费了时间，经常在画室狂啃面包，经常利用课余时间不断积累。这周末他们将要参加肇庆市美术第二学期统一检测，在此期待他们的好成绩。

三、关于幸福感

"'愿有多大，路有多长。'这个愿是佛教讲的愿力，有多大的愿力就能取得多大的真经。"幸福是点滴积累奋斗而成的，只要坚持，梦想终究可以实现。其实这一路到现在，非常感恩在工作室遇见的太多美好的人和事。我们这一群人，一条心，办一件事，我们一起慢慢做，就像我们工作室的教育思想"由美入善，成就全人"。

曾经一段时间里我对"站在一定的高度去观察、思考、学习、感知教育的问题"不清楚。研读《教育的初心》之后重新审视和梳理自己的教学经历，觉得暂时不清楚没关系，我相信从不清晰到清晰，再到坚定只是一个过程。我也知道奋斗不一定成功，但是会让自己感觉已经走在幸福的路上。奋斗也让自己成为对社会有用的人。所以当我面对"冷眼与嘲笑"也从没有放弃过心中的理想，虽然有点辛苦，但是也很幸福。

李镇西老师说："自己培养自己——不停地实践，不停地思考，不停地阅读，不停地写作。做到了这四个'不停'，坚持五年八年，乃至更久，你想不成功都很困难！"做这些事很可能短期内都没有回报，但我会持有开放的心，乐于接受新鲜事物。可能在某个时候，找到了自己的驱动力，发现生活会发生很大的变化，原来觉得的困难就变得非常简单了。目标感明确，积极行动，不断逼近自己的目标，这样，努力的过程也是一种幸福感，减少思想杂念、挣脱凡尘琐事的困扰，内心会更加地坚定和纯粹。

冲击心灵，洗涤思想

黎海妮

书，是我们日常生活中必不可少的东西之一，作为教师的我们，更应将书视作精神的食粮。在工作室导师冼贤老师的倡导和引领下，我阅读了李镇西老师的《教育的初心》这本书。此书内容真诚、文风犀利。不知这是何等不凡的教育情怀，从"与师为善""不敢苟同""岂有此理""喟叹不已""常识罢了""思绪飞扬"六个方面，对教育和社会热点问题进行评述和刻深思考。这六个方面无一不冲击着我的心灵、洗涤着我的思想。

《教育的初心》中有对教师群体的表扬、肯定，也有对不良现象的批评、质问，写出了我们想说的话，让我们感到幸福。让我们体验到写作的快乐，启发我们更全面、深入地分析教育发展道路上遇到的困难阻力，体验到阅读过程中增长智慧的愉悦。其中最让我敬佩的是李老师的文章内容和观点总是如此实事求是和辩证客观！看到李老师书中对教师的表扬、肯定和不良现象的批评、质问，让我不禁对自己教学进行深刻的反思，让我时刻提醒自己，别忘记当年初踏讲台的情怀。平时教学的一些困惑也豁然开朗。

一、引导学生关注生活中的美

我在三尺讲台上已经执教14个春秋，这中间有苦也有甜。作为美术老师，我注重引导学生关注生活中的美，同时也希望他们能表现出他们感受到的美。在教学生画速写的时候，我发现提高学生的兴趣可以让他们爱上速写。兴趣是学习最好的老师，学生对所学的内容有了兴趣，才不会觉得练习是任务，才会主动去画速写，才会乐在其中。新课改倡导的美术教学，既要重视学生对艺术的感受、表现和创造力的培养，还要注重美术更多地与文化、历史、生活相联系，创建多维互动的、有利于学生自主学习的教学组织形式，让学生在宽松的氛围中感受美，让学生在活动中学、在玩中学，让学生围绕目标自主选择内容、材料和方法，让学生在知识探索的过程中发现规律。在教学中，要用新的理念来组织教学，收到了较好的效果。

速写是快速概括描绘对象的一种绘画手法，也是培养形象记忆能力与表现能力的一种重要手段。但是不能一味求"快"，要从"慢"开始。多鼓励学生从身边看到的东西入手，观察生活，记录生活。对于初学者，鼓励他们大胆去画，从简单的杯子、书本、文具开始，慢慢再转入复杂一点的东西，要想快，先会慢，经历从慢到快的一个过程。在慢的过程中训练的是观察者把自己看到的东西转换为画面的一个过程，也是建立信心的过程。

速写方法要灵活多样，训练不仅仅是课堂上的事情。在课堂上画的东西毕竟比较单调，缺少生活情趣，学生看天天穿校服的同学也会乏味，他们眼睛需要新鲜感。所以要引导学生去发现，比如食堂师傅的着装、保安大叔的样子等不同岗位上的人的不同之处。培养学生善于发现的眼睛，对生活、对身边的环境、对身边的人进行观察，从而提高他们的观察能力、概括能力，进而提高他们的绘画能力。

引导学生运用速写线条。线条是画者对物象概括与提炼的结果，是表现物象的一种语言形式，用它说出画者要表现的情感。线有粗细、长短、虚实、浓淡、曲直、刚柔等不同特点。利用丰富的线条能表达各种人物脸型、五官、发型和服饰的不同特征。如用流畅的线条表现女性的秀发，短粗的线条表现男士的刚毅的发型；用琐碎的短线表现棉袄的厚实温暖，用光滑的长线表现丝绸的柔性和飘逸的长裙；线条的轻重粗细的变化，同样能表现物象的空间距离感。而且，线条还可以通过各种长短、曲直、横竖、正斜、粗细、浓淡、轻重、快慢、刚柔、虚实、滞畅等各种组合，使画面丰富有变化，再加上线条的疏密、穿插、主次搭配，可以让人感受到画面生动的气韵和优美的节奏。

让学生爱上速写，才能改变他们"画速写是为了完成任务"的想法，在教学中多采用灵活多变的方法，引导学生去发现生活中有趣的人和事，关注才能有所发现、才能有所感受，从而画出能打动人心的画面，培养学生的观察能力和表现能力以及创造能力。

二、关注人性，因材施教

"爱心和童心，是我国教育事业永不言败的最后一道防线。"在读过此书之后，我的体会更加深刻。"朴素最美，关注人性做真教育；幸福至上，享受童心当好老师"是李老师的教育理念。是的，正是因为一颗爱心才使我快快乐乐地守在学生身边，也使我具备了一颗童心，随时随地在学生身边体会幸福与快乐；而童心也使我更近距离地接近学生的心灵，互相传递爱心、传递幸福。

李老师在《教育的初心》中说过在课堂模式、教学方式以及学生评价方面真正面对每一个具体的孩子，让"尊重个性""因材施教"成为每一个教师的自觉。李老师书中还提出"教学活动的展开，不仅仅是为了留下足够的知识，更需要留下足够的学习兴趣、学习乐趣。在教学过程中，我们应该将学生当作伙伴。而教育的本质在于对每个孩子都倾注心血"。这让我对于教学也有了全新的认识，在教学中我们不能只思考如何给学生留下知识，如何留下足够的学习经验，如何留下多样的作画方法，注重教学却也忽视了教学的目的。人的成长主要是精神和灵魂的发育、成熟和提升的过程，我们教师能做的就是播种太阳，让教室里的每个角落都变得温暖和明亮，用阳光温暖学生的心，让迷失的孩子找到来时的路，让每一个学生都看到希望。我们要看到每一个孩子的闪光点，看到他们本身的特点，不断对自己的教学进行反思，要根据每个学生的特点因材施教，才能更好地培养他们。例如，黏液质孩子的特点是"慢"，对这类孩子要给予正确的引导，如当孩子做好一件事时，一定要鼓励、赞赏他，同时对他提出进一步的要求，如以后再快一点就更好了。对孩子的要求应掌握好火候，既不能太高也不能太低，以孩子经过努力能达到为标准，以后逐渐提高要求。不论哪种气质类型都有积极的一面和消极的一面，教育的目的就是发扬积极的方面，克服消极的方面。孩子需要因材施教，需要老师的爱。只有爱，才能让孩子成长的道路充满阳光；只有爱，才会使孩子身心健康发展。当老师把孩子当作自己的亲人，发自内心地关心他们生活中的一点一滴时，我们才可以说这是人性化的教育。

阅读的力量

吴达清

每年的4月23日，是世界读书日。这次的读书活动，省冼贤名师工作室的主持人冼贤老师向我们学员推荐的是李镇西的《教育的初心》这本书。胡适曾经说过，"无目的地读书是散步而不是学习"，在冼贤老师的指导下，首先大家集体学习刘良华教授的读书方法，对此次阅读活动的进度做了相关规划，要求以撰写共计三篇论文的形式做读书心得的总结，同时通过线上视频交流分享学习心得，目前已有幸邀请到了房尚昆老师、王婧老师做了线上的分享。这样，一个较长的时间段内，通过个人的反复精读，名师引领精讲，线上线下研讨交流，教学实践反馈等多种形式的深入学习，最终以三篇论文作为学习总结。"外物之味，久则可厌，读书之味，愈久愈深"，通过深入的学习、反复的揣摩、长期的浸润，我对《教育的初心》这本专著有了更深层次的认识，心生愉悦，充满力量。

一、平静的力量

《大学》有言："知止而后有定，定而后能静，静而后能安，安而后能虑，虑而后能得。"我们传统文化在学识的修养上很看重"入静"，认为"静生定，定生慧"。我学习李镇西老师的《教育的初心》的心境变化，恰恰如此。还记得最初阅读《教育的初心》这本书时的情形，我的情绪有如过山车一样波动起伏。单看目录，我就被惊诧到了，文章的题目，不少是以直接发问的形式，质疑和批评当前不良教育现象的，直白而犀利，比如《如果老师把家长的事都做了，要你家长干什么》《为什么就不可以"感谢贫穷"》等，恍惚间是看到了鲁迅先生的杂文集。我顺着目录，迫不及待地选了一些话题比较热门的篇章读了起来。我不知道大家的情绪是否也跟我一样，说实话，我当时的情绪是十分激动的，李老师在文中呈现了不少基础教育的不良现象，真是难以置信，匪夷所思，有些案例，让人颇为义愤填膺，扼腕叹息，久久不能释怀。

但是，很奇怪的是，随着阅读进程的推进，我的心情逐渐平静了下来，思维逐渐清晰了起来。每一篇文章，李镇西老师都用冷静的视角、犀利的笔锋，对个案进行层层剥离，并从容地表达了自己的观点和意见以及该采取的策略，我们读者的心绪也随着李老师的心境逐渐明朗起来。比如《为什么就不可以"感谢贫穷"》一文中，李老师认为要勇于直面现实，怎么样看待问题有时比解决问题更加紧要，要杜绝一味地埋怨、愤怒或消极回避，甚至是自暴自弃、放任自流。

这样的平心静气不是视若无睹的冷漠，不是自我怜悯的退缩，而是经过深沉思考后获得的心灵的平静与安定，具有非比寻常的力量。"不以物喜，不以己悲"，作为一名教师，时刻铭记肩上所承担的那份责任与担当，那份宽容与慈爱，坚守内心那份平静与安定，我们的教育才会有长远的进步。恽寿平在《南田画跋》里说的"澄怀观道，静以求之"，大概就是这样的吧。

二、正义的力量

"正气充足，邪不可干"，作为一名人民教师，要善于培养自身的浩然正气，要有以德立人、为国培才的大格局，要有不为世俗观点所左右、不为外界压力所妥协、不为利益所驱使的人格和风骨。德国教育家第斯多惠说："教育的艺术不在于传授知识，而在于激励、唤醒、鼓舞。"我们也有句俗语："跪着的老师，教不出站着的学生；教师的无视，才是对学生最可怕的惩罚。"李镇西老师的文章，多是因实情而感、实事而作，对当前教育环境中层出不穷的教育教学问题，李老师敢于说"不"，敢于为广大教师发声，敢于提出自己独到的见解，始终不忘恪守自己教育的初心。在《变态的高考——从旗开得胜说起》一文中，针对当前家长过度迷信考前仪式的现象，李老师进行了评述。是的，一个有正气的老师，敢于直面人生的苦难，敢于正视社会不良弊端，才会使学生肃然起敬，才可以培养出有正气的学生——国家与民族未来的脊梁，才能不负一名教育者的教育初心。

三、追逐的力量

长年累月的工作，忙忙碌碌的生活，最容易消磨人的锐气，让人迷失自我，但我们不能停下追逐梦想的脚步，我们要赋予自己"诗和远方"。正如周星驰的一句台词："人如果没有了梦想，那和咸鱼有什么区别？"李镇西老师的梦想，说来也是十分地简单："让人们因我的存在而感到幸福""健康比分数更可贵，幸福比优秀更重要"。在我看来，这种幸福，是李老师对教育初心的笃守，是对初踏教坛时的梦想的不停追逐，是对人性的关怀，是爱的表达。李镇西老师认为追寻梦想的秘诀，就是"四个不停"和"四个学习"，即"不停地实践、不停地思考、不停地阅读、不停地写作"和"向书本学习、向他人学习、向自己学习、向学生学习"，让自己不断提高。所以，李老师作为一名语文老师，身兼多职，仍然写了七八十本专著，他还在网上开辟了公众号"镇西茶馆"，有些文章点击率过万，比如《我鄙视这样的名校》等。"让理想照亮梦想，用使命点燃生命"，李老师持之以恒、十年如一日地保持第一次踏上讲台时的那份纯真与激情、那份恒久不变的赤诚初心和职责担当，追逐梦想的脚步，永不停歇。

心灵的教育艺术

朱淞麟

我国经济发展迅速，举世瞩目，物质极为丰富，但心灵的贫瘠何尝不是文化教育的失落。难得有李镇西这位"教育狂人"为中国教育奔走疾呼。他是作为耕耘教育事业的深度从业者践行使命，更是作为教育行业的佼佼者带来深情告白。所以《教育的初心》是一本值得广大教育工作者或关注教育人士阅读的教育思想艺术的启发著作。

创新性人才始终是时代的宠儿，人的发展更需要创新教育。一提到创新教育，有些教师首先想到的往往只是思维品质和具体思维方法的培养，比如思维的"深刻性""批判性"，以及"逆向思维""发散思维""求异思维"等。针对学生长期以来在"应试教育"背景下所形成的僵化思维模式，这些引导和训练当然是很有必要的。这本《教育的初心》需要我们认真思考的是学生原有的创造精神是如何失落的。发展学生的创造精神，当务之急并不是对学生进行"从零开始"的所谓"培养"，而是"发展"他们与生俱来的创造性——首先是要点燃学生熊熊燃烧的思想火炬，让学生拥有自由飞翔的心灵，我们从事的更是教育心灵的艺术。他坚信每一位学生都有着创造的潜在能力，教师要做的是提供机会让学生心灵的泉水无拘无束地奔涌，通俗一点讲，就是要让学生"敢想"，让学生在思想解放之下，迸发出远超出我们意料的创造力，形成源源不断的创新发展动力。

中华民族历来都讲究教育艺术，古有孟母三迁、岳母刺字，今有择校而居、陈母问勇。在我们这些所谓"80后"父母初为人父人母的阶段，面对养育之事多数是手足无措的，至少我是这样，在多媒体或书里找答案，通过实践逐渐形成了属于自己的育儿观念。

在众多的教育观念里，美育其实是最重要的环节。我在从事高中美育的十余年里，懵懵懂懂，至今仍然在思考如何教学生，面对每个独一无二的个体，如同面对完全不同的两片树叶一样，作为美术教师，我的愿望便是能够唤醒学生的学习内驱力，帮助其提高审美能力，树立艺术理想，保持一颗赤子之心，并把自己喜欢的事做长久、做到极致。我仅仅是发自内心喜欢艺术，并一直为之坚持着，根本算不上成绩斐然，在这里和大家做汇报也底气不足。所以这是我个人主观的思考，不成熟的地方大家多多指正。

教育的深刻必定触及心灵，心灵的教育也必定艺术化。教育的艺术化很重要，关乎着创造力。以提问题的方式展开，比如：为什么要培养孩子的创造性？如何培养孩子的艺术创造力？孩子应该从什么时候开始学画画？应该送孩子去美术班吗？艺术对孩子的人格成长乃至他的未来都有着根本性的影响，艺术不仅影响着孩子调节情绪的能力，还为他提供丰富和美化生活的途径。他对认知体验的敏感度——如观察、聆听、触摸以及对美的识别能力对他的生活都大有裨益。总之，在人生的每个阶段，他要么运用自己独特而有创意的方式，要么依赖与模仿现成的模式。别忘了让一名工程师、物理学家、建筑师或者木匠取得成功的是他的创造力，这种能量让他把自己的职业看作新探索和新发现永不枯竭的源泉。我喜欢的科幻作家刘慈欣的《三体》就极具创造力。无论你的孩子选择什么职业，他都需要那种在艺术创作中体验过的创新精神。总而言之，艺术不仅是表现情绪的一种方式，还是快乐的源泉；在艺术创作中，孩子以艺术媒介来组织自己的想法和感受，正是这种组织能力让混乱变得有序，让无意义变得有意义。

通过课堂教学实施美育，包括美术课、音乐课、数学课、语文课、自然课、手工课和劳动课，通过视觉、听觉、感觉、触觉等感官达到美育目的。从视觉艺术作为美育的主要部分来看，发达国家尤其重视美育，无论从美术馆、艺术馆、博物馆、图书馆的硬件建设还是其美育内容的思想性与艺术性而言，我们与其有差距但差距在逐渐缩小，我们国家开始重视美育展馆建设和人文思想软件搭建，而且有了深刻的影响力。深圳作为全国经济发达地区之一，美术馆众多，根据地区美术馆知名度、类型、公共文化服务设施齐全度等方面排名前三的有关山月美术馆、深圳美术馆、何香凝美术馆。其中关山月美术馆属于国家重点美术馆，是以我国著名国画家、教育家、岭南画派大师关山月先生命名的政府全额拨款的国家公益性文化事业机构。所以要提升孩子的审美能力，必须多逛美术馆、艺术馆、博物馆、图书馆。

古语有云，"尽信书不如无书"。不可否认书中内容可以给我们提供最直接解决美育问题的方法，但遇到个别特例时应该灵活运用，不可套用。老祖宗留下了众多举世瞩目的美育素材，《诗经》《离骚》《论语》《道德经》《易经》，唐诗宋词元曲，青铜器、秦始皇兵马俑、瓷器……不胜枚举。可以说，整个中华文明的发展史，本身就是一部美育史。国家越来越提倡文化自信，越来越多的年轻人投入国潮文化建设的队伍中来，很多年轻人穿着汉服走街串巷，年轻艺术家在中国神话故事里提炼出个人艺术风格，李子柒用自己对民族文化的热爱向世界传播中华文化，新婚夫妇穿着中式礼服步入婚姻殿堂，国潮动漫产业迎来复兴和大爆发，就是在20世纪中国动画巅峰期，《铁扇公主》的问世让手冢治虫弃医从画，《大闹天宫》的上映让宫崎骏坚定了自己为动画事业奋斗终生的想法。

记得2022年北京冬奥会中展现的中国美学，雪花元素来自我国唐代大诗人李白《北风行》中的"燕山雪花大如席"；首钢滑雪大跳台的设计灵感源于中国的传统吉祥饰物"如意"；汉字是中华文明的重要载体，冬奥会的会徽"冬梦"就是汉字元素和运动员的英姿形成的"冬"。

爱国的方式多种多样，更重要的是了解我们的国家宝藏背后的人文情怀和精神内核，做好发扬和继承，做民族文化传承的布道者。有朝一日这些真正热爱中华优秀传统文化并愿意为之创新和再创造，或者成为行业翘楚的文艺从业者，还能不被资本裹挟，仍然不背离自己的初心，用更加开放包容的心态打造属于中国人的文化名片，那时我们的文化才真正有了活力。

我所在的学校，是一所位于粤港澳大湾区边缘的乡村高中，距离城区约15千米，这座自然村水路发达，以前更是附近村落老百姓赶集的集中地，新兴江边的骑楼见证着这里曾经的繁华。在乡村教书的最大好处就是有沉浸式的自然环境，空气永远清新，终日可观云卷云舒。即使身处广东乡下，且距离家乡2700千米，也并不影响我的视野，我确定，我的初心便是"既来之则安之"，自力更生，我坚信只要心中有梦，无论身处何地，心安处即是归处。闲来无事勤阅读，我是爱书之人，囤书若干，如艺术类、教育类、哲学类，其中教育类的书是近年来做广东省冼贤名教师入室学员时才开始读，了解到李镇西老师也是这个时候，李老师的公众号"镇西茶馆"几乎天天都有思想的清茶可品。

李镇西老师是当代鲁迅式的教育家，学识渊博，值得敬佩的是镇西老师在百忙之中写论文、记录教学感言，对教育、对学生有态度，他勤勉、笔耕不辍的好习惯尤其令我敬佩。迄今为止，他已有80多本著作，著作等身，是青年教师最好的榜样。冼贤导师为了我们工作室入室学员的成长推荐李镇西老师的书，实在用心良苦。

第四章

心中的名师

名师心中的名师——李镇西

冼　贤

一、李镇西老师的教育教学思想

李镇西老师认为，教育的首位是培养人，然后才是培养人才。他认为"人"——人的思想、人的感情、人的精神提升、人的个性发展，应该是语文教育的生命。

李镇西老师把语文民主教育的特征概括为"自由、平等、宽容、妥协、创造"五大精神。"民主"并不仅仅是教育手段，也是教育内容，更是教育目的，通过民主的语文教育，培养学生的平等、自由、宽容等民主素养，使学生成为个性鲜明并具有独立人格和创造精神的现代公民。

二、李镇西老师的教育故事

李校长30多年来从普通教师到学校校长再到国家教育研究院院长，身份虽不停变化但他对教育的热爱与思考从未停止，他秉承一颗不变的教育初心，一直行走在路上默默探索着教育规律，书写着动人的教育故事，既感动着教育也感动着我们每一个人。

1. 20世纪80年代，逐步形成自己"爱"的教育理念，出版著作《爱心与教育——素质教育探索手记》《青春期悄悄话——给中学生100封信》等。在语文教育教学上辛勤耕耘，曾荣获"四川省中学语文特级教师""全国优秀语文教师"称号。

2. 20世纪90年代，其语文教育思想和观念基本成熟，此时尤为关注对语文教改的思考及学生内心世界的教育研究，出版著作《从批判走向建设——语文教学手记》《走进心灵——民主教育手记》等。1998年12月，在北京举行的"纪念苏霍姆林斯基80诞辰国际学术研讨会"上，著名教育家苏霍姆林斯基的女儿、乌克兰教育科学院院士苏霍姆林斯卡娅赞誉他是"中国的苏霍姆林斯基式的教师"。

3. 21世纪至今，李镇西老师的教育观更为开阔而宽广，他从教育家和思想家的高度，对教师的成长与职业规划提出很多建议与思考，其很多理论著作成为教师、教育局的必读教育著作和培训教材，如：《给教师的36条建议》《做最好的班主任》《做最好的老师》。

苏霍姆林斯基说："对人的热情，对人的信任，形象点说，是爱抚、温存的翅膀赖以飞翔的空气。"对教师工作的信任与尊重，就是教育"赖以飞翔的空气"，教育的故事永远说不完，教育的故事也不可能离开教师与学生，个别想象不能以偏概全，家长和社会要相信每一位教师的"初心"。

三、李镇西老师对工作室的影响

我在广东省"百千万人才培养工程"名教师培养期间，曾在2016年6月17日聆听过李镇西老师的讲座，对他的教育思想有一定了解。从他的成长经历、教育故事、当校长后的教育思想等方面进行了分享，已经对主持人产生极大的影响。我们工作室通过组织阅读李镇西老师《教育的初心》线上研讨会和他的教育教学思想学术线上研讨会，深入研究了李镇西教育家的教育教学思想，领略了他的思想魅力和个人风采，激发团队成员努力成为教育家型的名教师的斗志。

在理解项目组安排研修活动的设计意图后，本工作室组织的研修活动环环相扣、层层推进，从"名师荐名著"推荐李镇西老师的《教育的初心》线上研讨活动与个人精读相结合，到"名师心中的名师"教育家李镇西教育教学思想学术研讨会与个人研讨相结合，特别是两次线上活动都邀请到了工作室顾问房尚昆导师参与研讨活动。

房老师点评中说到工作室成员的发言非常简洁，但是句句都切中了要害。从学员在读书、教学、专业成长方面都看到了一个非常好的现象，也看到冼贤老师带着学员在进行专业创作，从学员作品展示来看，学员水平都很高，其中有对专业精益求精的追求，以及对自己专业的热爱，希望通过自己专业水平的不断提升，让自己教得更好。

1. 在研修活动中，工作室每位学员结合自己教学实践去理解镇西老师的教育教学思想，从阅读他的书籍来认识其教育思想，并分别联系自己的工作与生活感悟，大家都说读完李镇西的书后，有种豁然开朗的轻松，时常萦绕大脑的困惑也得到了解答，更坚定了自己奉献于教育的决心，努力向李校长学习，对教育永远保持着一颗纯真的心。

2. 李镇西老师的成长经历为我们指明了成长的方向，他是有很大影响力的教育专家，对教育的热爱让他长期坚持扎根一线，认真观察，不断思考，努力实践，有智慧地探究，成就了他所热爱的教育事业。所以我们不管做什么事情，只要专注用心，找准方向，走对路子，站在一定的高度去思考问题并长期坚持，就一定能成功。

3. 他的教育思想让我们注重学科育人，在他的教育教学思想影响下，工作室研修活动不仅仅局限于美术学科，而是超越了学科教育关注育人，学员从阅读镇西老师的书来认识和理解他的教育初心和教育情怀，再深层次去理解他的教育教学思想，结合教育过程中所遇到的各种现实的问题进行了思考，教育的观念得到深化和升华，加深了我们对学科育人要求的理解。

李老师的思想深入工作室成员的心灵，他能仔细观察身边教育现象，深入研究教育方法、把自己的思考与心得用文字表达出来，通过智慧与毅力、研究与思考获得他的成就，让我们知道在教育教学中要专注用心，站在一定的高度去观察、思考、学习、感知教育的问题，教育观念和教学方法不断在创新，但不变的是教育的首位是培养人，为国家培养合格的现代公民。

提升修养，添彩人生

翟康辉

2022年6月12日，冼贤名师工作室暨肇庆市助学支教志愿服务队年度第二次送教活动（怀集站）如期开展。作为入室学员的我再次有幸全程参与了活动，无论是聆听讲座、报告会，还是上课、听课我都感受颇深，热情的怀集冷坑中学和怀集二中美术课组老师们，以及兴奋又充满好奇的同学们，让我似乎又回到了教育梦想开始的地方。

我出身于农村，曾经就读的学校也是犹如冷坑中学和怀集二中一样的乡村中学，师范毕业后我回到了家乡一所镇上的中学做了一名乡村教师，在乡村从教的五年里，我努力工作，不断提升自己，在我送走了两届毕业生后，我也考上了研究生，从此离开了乡村学校。时隔15年，当我再次踏入乡村校园的那一刻，似乎瞬间穿越到当初我工作过的乡村学校，那种莫名熟悉的校园味道，让我久久不能忘怀，看着一张张朴素而稚嫩的脸，恍惚间感觉他们就是十几年前我教过的那帮孩子。

我曾经也是一名艺考生，我深知在乡村中学通过高考走出来有多么困难，无论是老师还是同学，很多时候都感觉心有余而力不足。近20年来，农村中学成了我国艺考大军的主阵地，这与我国教育资源地域分布不均衡，教育思维和教学硬件、软件落后等都有关联，然而作为普通教师，支教、送教乡村或许是我们帮扶他们最直接的方式了，对于地方教育有着很好的示范引领作用。

我们工作室12名入室学员，除我之外其他11人都是长年从事艺考教学工作的老师，经验极其丰富，成绩卓越，能够与他们一起参与送教我感到非常幸运，他们的每一节课都刷新了我对艺考教学的认识，相对于当初我的艺考专业学习，现在的教学真的是组织有序、有条有理，老师们充满智慧的课堂教学，富有创新的教学模式和理念都让艺考专业学习效率大大提高。作为长年教授美术鉴赏的我，也从美术核心素养的提升对专业学习的促进作用做了深入思考。

一、美术鉴赏课存在的意义

此次送教活动，我给冷坑中学的师生准备的是一节美术欣赏课《人居与环境——诗意的栖居》，这是一节关于中国古建筑保护与再生，以及探讨人、城市、自然和谐人居关系的鉴赏课。美术鉴赏作为高中一年级美术必修课，对于提升学生的艺术修养和审美趣味是非常有意义的，然而我们这个时代的教育很多时候是充满功利的教育，如果一门课对于升学考试没有什么作用的话，学校基本不开课；开课也是形式主义，学生基本不愿学，学也是心不在焉。对于艺考生颇多的学校来说，教师和学校都将重点放在了专业课的教学上，提高学生美术修养和眼界的鉴赏课基本是不开设的。此次送教活动，让我感触最大的是入室学员朱淞麟老师在课堂上展示的一张荷尔拜因的素描速写头像，同学们竟没有一人见过这张作品，更不知道还有个叫荷尔拜因的德国画家。常规专业课教学以培养学生的专业技能为目标，这些美术常识主要通过美术鉴赏课或学生课下个人扩展阅读才能知道，然而由于种种原因，期待艺考生自己主动学习美术理论知识是不现实的，所以这更凸显了美术鉴赏课的意义。我非常赞同朱淞麟在课堂上对同学们的嘱咐：提高眼界，懂得欣赏优秀作品，先做到"眼高手低"才能最终走向"眼手合一"。这里的眼高就是要学生开阔眼界、扩展知识面，不要只以艺考范本书籍作为自己的学习目标。在美术专业学习过程中"眼高手低"是个褒义词，古人云："取其上者得其中，取其中者得其下，取其下者得其无。"意思就是要求我们将学习的榜样和目标定得够高、够大，如此才能成为更好的自己。

高一美术鉴赏主题丰富，涵盖了绘画、雕塑、建筑、民间美术以及现当代艺术思潮，对于艺考生来说，这是普及艺术理论、开阔眼界的绝好机会。在我的这节课中，我以新闻事件导入，激发同学们对为什么要保护古建筑的思考，从而引发同学们对古建筑的技术、艺术、思想之美的赏析兴趣，让大家对建筑的认识不只是停留在其使用功能上，而学会从历史、文化的角度更深层次地思考古人的人居哲学，感受博大深奥的传统建筑艺术之美。我们的身边或许就存在各种古建筑，然而我们很少会对它思考得那么深入，绝大部分艺考生在艺考前也是不知道将来自己到底可以从事怎样的美术专业，教师通过多主题的美术鉴赏课不仅能为同学们打开一扇多彩的美术专业之门，让同学们能够带着理想学习美术，更能改变同学们简单地为了艺考而学习的被动式学习方式。眼界大了，视野开阔了，同学们的认知也丰富了，艺术的世界也就变得更宽广了。

二、美术鉴赏课要解决的问题

如果把美术鉴赏理解为欣赏图片、观看视频，就是将鉴赏课的意义单一化、形式化了。鉴赏的过程包括描述、分析、解释、评价四个部分，对于提高艺考生的思辨能力和审美能力是非常重要的，而这些能力对于打破艺考生思维的模式化、标准化也是非常有意义的。本节课中我以老北京城楼、城墙被拆除的历史为例，鼓励同学们去思考事件背后的根源。有的同学说，因为城市发展的需要所以拆除了古建筑；也有的同学说，因为保护意识不够，才导致了简单粗暴地对待古建筑的方式出现。正是在这种引导与思考中，同学们获得了解释和评价的能力。美术鉴赏课中我们要极力避免只是简单地看图说话，要学会读图，读懂图中的历史与文化。

艺术与生活从来就不是割裂的，艺术的最终目的是满足人的生活和精神需求，美术鉴赏要让同学们明白艺术与人生到底有着怎样的关系，让同学们明白自己为什么选择学习艺术，思考毕业后我们可以从事什么工作，对人生职业做一个长远的规划。我问过很多的艺考生有没有想过将来从事什么专业，收到的回复几乎都一样："不知道。"绝大部分艺考生走上艺考道路的时候是很茫然的，高校美术毕业生毕业后不再从事与美术相关的工作的人甚至超过半数，说明我们的学生在选择参加艺考时有多么不了解美术、不了解自己。我跟我们学校的艺考生说，如果你连美术鉴赏课都没有兴趣，那说明你跟艺术没什么缘分。美术鉴赏就是一门艺术普及课程，对于不学习美术的人来说，它可以为我们打开一扇了解艺术的窗，你可以在其中窥探到人类不同时期的历史、文化、科技、艺术等知识；对于学习美术的人来说，它让我们眼界宽广，养成博大、深邃的艺术思维模式。

本课第二部分以宁静而优雅、兴盛与繁华交织的周庄为例，通过欣赏优美的江南水乡人居美景，让同学们直观感受和谐优美的古代人居环境。第三部分以老北京"菊儿胡同"新四合院及浙江富阳"文村"为例，感受南北现代人居的建筑艺术之美和生活环境之美，同学们在教师的娓娓道来之中，欣赏着人与城市、自然的和谐之美。美术鉴赏一个很重要的目的就是培养学生感悟美的能力，当同学们拥有了一双能够洞察美的眼睛，才会慢慢拥有一颗充满美的心灵。教育的根本问题就是育人的问题，当我在我们学校上完这一节课时，有一位同学下课后跟我说："老师，我一直都很想去看一看江南水乡，以前吸引我的是江南水乡的外观之美，今天上完这节课后，水乡的历史、艺术与人文之美让我惊叹，暑假我就要去看一看水乡。"

由外及内的审美修养提高，这就是美术鉴赏带来的魅力，美术鉴赏是当下高中生最好的也是最系统的普及美术知识的途径与方法，可以帮助我们解决艺考生学习艺术的茫然心态，并对非艺考生的美术综合素养进行提升与优化。高中美术鉴赏课涵盖科学、艺术、人文、历史等诸多社科门类，与美学、社会学、环境学等密切相关，应该予以重视。希望我的这节课也给冷坑中学的同学们带去不一样的思考与体验。

汲取智慧，感悟教育

龙惠芳

读了李镇西老师的《教育的初心》，我感悟到真正的师者应对教育事业怀着崇高的使命感，把教育事业作为一生的追求，从中体验到生命的意义和价值。李镇西老师的教育理念是朴素最美，关注人性做真教育，幸福至上，享受童心当好老师。他十分注重学生的自主学习能力培养。他的教育思想认为学生创造性思维的产生有赖于教师创设一个宽松和谐的教学气氛。师生之间互相尊重、互相信任、互相学习的平等和谐关系，是发展学生创造性思维的重要前提。

很多学校的高中美术教师都会面临一个问题，就是一个老师带着五六十个学生进行备考，会导致一部分学生因为老师辅导不到位而学不好，甚至会退学。因此，培养学生自主学习能力很重要。学生能够自主学习、主动探索，不但能提高学生的学习效率，还能养成终身学习的好习惯。

一、传统的学习方法在高中美术高考备考中的不足

1. 保姆式教学让学生养成依赖性的学习习惯

什么是保姆式教学？学生一有问题就问老师，会导致学生依赖性太强，不善于思考。例如：有些学生画一下就问一句"老师，我画得怎样"，然后又画一下再问一句。如果老师没过来看他的画，他便会感到很无助，对学习失去信心。这种现象，高一的学生出现得较多。

又如学生说得最多的一句话是："老师，我不会画。"总是想着老师会帮他改画，自己又不动脑筋思考，久而久之，导致学生依赖性太强，离开了老师，便不会学习，或者形成高分低能的现象。

2. 满堂灌式教学让学生没有思考的余地

传统的满堂灌式教学方法主要体现在教师主导课堂、学生被动听课，这往往使得课堂沉闷无趣，同时也剥夺了学生自主学习的权利，让学生失去了学习的兴趣和自我思考的机会。

"授人以鱼不如授人以渔"，教师应该教会每个学生独立思考问题，多问为什么，引导学生思考，寻找方法；而不是对学生一个个去讲解分析，不讲究方法，不抓住重点，不懂得归类。要教会学生自己带着问题去提问，带着问题去学习，而不是等答案。所以，我们必须改变这种"满堂灌"的课堂模式，还学生更有利于他们学习的教学模式。

二、李镇西老师的教育思想在教育教学上对我的影响

通过广东省冼贤名师工作室的研修活动"名教师名师荐名家"和"名师荐名著"，我接触到李镇西老师的教育思想，他的信念、思想德行、智慧等深深触动了我。李镇西老师把自己在工作中的经验体会与大家分享，批判、质疑教育不良现象，为中国教育奔走疾呼，更是作为耕耘教育事业的深度从业者践行使命，为教育事业牢记教书育人的初心。以下是李镇西老师的教育思想对我的几点影响。

1. 培养学生创造思维

李镇西老师的教育思想引起我们认真思考的是，学生原有的创造精神是如何失落的？发展学生的创造精神，当务之急并不是对学生进行"从零开始"的所谓"培养"，而是"发展"。李老师坚信每一位学生都有着创造的潜在能力，教师要做的是提供机会让学生心灵的泉水无拘无束地奔涌。

如何在课堂上给学生创设一种平等、自由、宽松、愉悦的学习氛围？如何能激发学生的学习兴趣？灵活多变的教学方式对调动学生的学习积极性显得非常重要，课堂中让学生充分发挥自己的想象，鼓励学生大胆地表达自己的想法。在教学的过程中，不仅仅教会学生学习的方法，还要求体现学生个人想法，激发其兴趣，发挥其潜能。

2. 培养学生自主学习能力

李镇西老师认为，"人"，包括人的思想、人的感情、人的精神提升、人的个性发展，应该是语文教育的生命。同样，在美术体验和学习过程中，教师

应尽可能多地为学生提供表现的机会。学生能够学以致用，就会产生强烈的自主学习愿望，提高学习效率，推动学生向前发展，直到达到学习目的，从而提高美术学生的学习效率和备考成功率。

三、如何培养美术学生自主学习的能力

1. 培养学生的兴趣，让学生主动去学习

"知之者不如好之者，好之者不如乐之者"，注重培养学生的动机和兴趣很重要。如何提高学习兴趣，使学生主动去学习？

（1）观察法：多欣赏国内外大师作品，通过培养美术常识，使其转化为审美能力。"艺术源于生活"，教会学生在日常生活中善于观察，并掌握正确的观察方法。把学生的"学"引入息息相关的生活情景当中。激发学生的学习兴趣，平时教学中多写生，多引导学生观察。把课堂导入生活、贴近生活，把学生的"学"引入息息相关的生活情景中。例如：速写课的人物加场景课程，学生可以到实地写生。市场上的贩子、大街上环卫工人、公交车站等，都是很好的题材。

（2）问题教学法：问题教学法就是把教材的知识点以问题的形式呈现在学生面前，让学生在寻求、探索解决问题的思维活动中掌握知识、发展智力、培养技能，进而培养学生自己发现问题、解决问题的能力。问题教学为学生提供了一个交流、合作、探索、发展的平台，使学生在问题解决过程中感受艺术的价值和魅力。在教学活动中，以"问题"为线索，基于问题情景发现和探索知识，掌握技能，学会思考、学会学习、学会创造，促进学生创造性思维的发展。

2. 小组合作学习，提高学生的自主学习能力

小组合作学习能培养学生交流、沟通等能力，学生互相启发、互相学习知识和方法，有助于全面提高学生的自主学习能力。

在小组教学中，教师把握大方向，讲解知识点，利用数码摄像机（DV）或多媒体做示范。让小组长做局部示范，这样可以培养组长的动手能力，带动组员的学习积极性。教师也要对每个小组的问题进行把控与整理，再集中统一讲解、复习，达到记忆深刻。

学生在练习的时候，先独立思考，激发学习的兴趣和钻研精神，形成良好的学习习惯。再分小组对作业进行讨论、评讲、修改。发挥小组学习的作用，

组长先评讲，组员后讨论，得出答案。教师根据每个学生所存在的问题，更有目的地去教学，辅导更到位。最后，进行作业展示，大家互相评画，引导学生敢于说，调动学生的学习积极性。

教师通过各种方式满足学生多方面、多层次的求知欲望，促进学生个性发展，使学生学会充分自主地学习，互相讨论、探索研讨。

孔子曰："默而识之，学而不厌。"我们只有通过不断学习和思考，将从李镇西老师身上学到的教育思想理论结合到教育教学实践才能发挥它最大的作用。因此，我们要不断归纳总结、理解记忆、学习钻研、不断积累，才能有所收获。

永葆初心

区碧蕾

有人说，一幅好的美术作品，会让人感动，会触动人身上的每一处神经；一篇好的文章，总是让人从怦然心动到若有所思。李镇西老师的著作引起了许多教师的共鸣。引起共鸣的是教学现象，引起触动的是教育理念。他的教育思想，让我回顾了十几年的教育生涯，回首过去，思考未来，在学习中过滤了成长中的一些杂质，拾起难能可贵的初心与宝贵的经验，找到未来在教育道路上奔跑的方向。

教育的初心是什么？教育的初心是教书育人、立德树人。那么我们应该如何保持这份难能可贵的初心，在教育的道路上一直走下去呢？这是我在学习中一直思考的问题。李镇西教育思想认为，做一名合格的、优秀的人民教师，必须具有高尚的师德，师德的灵魂是师爱。做一名好教师要具备"三心"，所谓三心，就是作为教师必须具有的童心、爱心和责任心。

一、教育的初心

站在教学一线已15年。我由青涩的教师成为经验丰富的骨干教师。回忆当年，好像很远，又好像很近。大学实习那年，我们经历了专业的教学实践训练，经历了人生第一次上讲台讲课。那时候我的心情很复杂，既期待又忐忑，要成为人民教师，必须跨越这一步。实习那年非常幸运地被分配到中山市的一所重点高中实习，在这个过程中有挫折、有收获。因为教学经验不足，我在实习过程中遇到了很多的困难，深深感受到老师的不容易，偶尔会产生负面的情绪。

有时候别人一句肯定的话，就成了你坚定信念的初衷。记得有一天，我的实习指导老师跟告诉我，学校有一名美术生参加美术高考并拿到了清华美院的专业合格证，那一刻，我看到了指导老师眼中无法掩饰的喜悦与骄傲，而我也被这种自豪深深感染，我想或许有一天我也会教出如此优秀的学生，那一刻我应该会跟她一样眼中充满了光，我对美术教师这份职业的坚定或许就源于此吧。当我离开实习学校时，指导老师对我说："你的热情很有感染力，请一定保持！"我永远地记住了这句话并在以后的教育生涯中一直践行。虽然走了很长的一段艰难的路，但我依然坚持保持一颗童心，用爱和热情感染着每一位学生，我付出爱的同时也得到了很多爱的反馈。

大学毕业时，我撰写了一篇论文，是由丰子恺先生的漫画引起的思考。当时的我也未能完全明白自己为什么会被丰子恺先生的漫画吸引。我认真学习李镇西老师的教育思想，回忆起当年写下论文的心情。那时的我带着教育的初心，走上教师的岗位，走进课堂，走进学生的心里，就像一个孩子一样，是纯洁的、无私的。在教学中会存在着因成绩、优生的分配、评优等问题出现的恶性竞争，教师间的交流变成了伪交流，县城高中学校外出学习交流机会少、名额不多，面对这些情况我们无法去解决，挫折让心灵变强大，挫折让我们变成熟，久而久之，孩子般清澈的眼睛慢慢模糊了，迷失方向，迷失自我。就像李镇西老师的文章说的：所谓的"成熟"，表面上是一种增值，但从生命美学的角度看，却实为一场减法——不断地交出与生俱来的美好元素和纯洁品质，去换成人世界的某种逻辑、某种生存策略和实用技巧。就像一个懵懂的天使，不断地掏出衣兜里的宝石，去换取巫婆手中的玻璃球。

二、享受教育中的幸福感

在教学中得到很多前辈的指点、名师的引领、同行的交流，我倍感幸运。老师们会在我慵懒时提点我需要加强美术专业练习；在教学中，提醒我积极开展公开课和课题、参加教学比赛和教研活动，以提高教学能力，积极培养学生参加美术活动。

一直以来美术的道路并不平坦，外界的阻力使学生产生心理压力，这是我在教育教学工作中常见的问题。记得有一位同学小杨，刚进入美术班时性格比较内敛。有一天他拿着一张他设计的室内设计图与我分享。虽然在绘画技巧上有点青涩，但他给我一种感动，他态度认真，有目标。他告诉我他想成为一名设计师。在高二那年，小杨在环境和身边同学的影响下出现了学习倦怠感，有放弃学美术专业的念头。从交流中，我发现他学习进步慢的原因是对自己信心不足，否定自我。我结合他自身的情况，与他分析并引导他设立明确学习目标，细化学习内容，有条理地循序渐进，做到知行合一，最终他打消放弃的念头。在学习中、挫折中成长，通过努力在高考中取得优异的成绩，考上理想的大学。学生的表现给了我感触，也给了我更多的感动，这是教学中触及心底的力量。

教师的艰辛劳动所换来的报酬，绝不仅是金钱，而是丰厚得无法估量的精神财富。作为教师，我非常享受教学中的感动，在困难中找方法，去解决问题。也很享受这个教育与学习的过程，以及努力后取得的教育成果。十几年如一日地陪伴着学生，只有绘画的人才会明白每一张画背后需要花的时间和精力，学生每一次参加比赛所获的奖项都来之不易。就像上舞台表演那样，台上三分钟，台下十年功。我怀着一颗真挚的心，以学生兴趣为本，以教学过程为乐，带领一届又一届的对美术有兴趣的学生，认识更广泛的美育知识。

三、成为反思型教师

教育智慧从实践中来，从困难中来，从学习中来。成为反思型教师已经是一种社会趋势。相同的教学内容面对不同的学生会出现不同的状况和效果。每一次课后我都会进行思想上的反思，思考下一节课到另外一个班级应怎样做效果才更理想。但我并没有像李镇西老师那样，用文字去记录，总结自己的想法。我所想到的各种美好的效果，都没有完全展现出来。任何教师都应该是反思者，教育日记或随笔是教育反思很重要也很有效的途径。李镇西老师认为：写作不仅仅是单纯的写作，它应该与实践相随、与阅读同行、与思考为伴。实践是它的源泉，阅读是它的基础，思考是它的灵魂。

县城高中美术教师外出学习时，有意义的送教活动让我跨越了一道墙。2022年5月、6月，我分别到广宁、怀集县进行了送教活动。在广宁县开展的课堂效果虽然好但美中不足，在安排课堂活动时重点是有趣的课堂，学生自我学习环节的时间变少。课后我对这节课的优点与缺点进行了写作反思，并参考其他教学案例进行修改。6月，工作室到怀集县进行送教。当时我把原本广宁公开课的设计进行了改动，把教学的重心放在了学生自主探究能力的培养上，效果明显变好。课后有老师说，很久没见过像我那样这么投入感情的老师了。那时候我很疑惑，感情与情感有什么不同吗？在学习时，我曾经听过其他科目的老师上课，有几位老师上课的感情、神态、语言，让我久久不能忘怀。那时候我在想，怎么才可以做到如此投入？那是非常有感染力的课。那时候开始，我就认为课堂的感情代入是非常有必要的，以感情感染学生，这是对教学的热情。教师的每一个表情、神态，都能牵引学生情感，成就带有温度的教学。

用"心"和"行"去教育和影响我们的学生。带着初心、爱心、童心、责任心，成为一名有温度的反思型教育工作者，用光和温暖引领学生前行的步伐。

以爱育人，不忘初心

丁皎先

2022年4月，工作室主持人冼贤老师向我们推荐了李镇西老师的《教育的初心》这本书。《教育的初心》属于随笔集，李镇西老师将自己所见所感记录下来，文章侧重于教育杂感和社会评论，将社会上的一些教育现象娓娓道来，让人读起来时而感到沉重、时而感叹、时而唏嘘……仿佛自己目睹事件经过。读完这本书之后，我开始在网上搜索关于李镇西老师的一些相关资料，发现李镇西老师的教育理念、教育思想在推行素质教育的今天能够给我们很大的启发和思考。

一、以爱育人，不忘初心

读李镇西老师写关心妻子、引导女儿、教好语文、带好班级、当好校长的过程和细节、良方、妙法，不仅感受到他对学生的一片赤诚之爱，也让我们感受到他对教育的执着和对教育规律的研究。他直面问题，深入研究分析事物的本质规律，不被表面迷惑。对于当下搞得有声有色的影响力很大的新教育，李镇西老师说不要过多地注重形式，他明确地指出：新教育讲的是教育常识。他的《新教育所做的一切努力，就是最终消灭"新教育"这个概念》一文引导人们发现事物的本质规律。只有遵循教育的规律，教育才能达到应有的目标。

教育要遵循规律。正如为《教育的初心》写序的魏书生先生所说的："违背规律做事情就像做苦役，经受的是煎熬；遵循规律尽职尽责的过程使人感受到快乐，享受的是幸福。"我们在教育实施的过程当中，要认真去寻找教育的本质、教育的规律，结合学生生理和心理成长的规律来设计自己的教学，使课堂能符合规律，达到教学效果。

二、遵循教育规律是培养学生核心素养的有效方法

1. 教育要重视学生生理和心理的年龄规律

我了解到有些私立幼儿园很早就开始教小朋友认字、写字。家长还挺高兴："呀！小宝贝认字了！会读会写那么多字呢！"感觉很骄傲。可是这真的好吗？小孩子在6岁前，手部肌肉发育不到位，如果强行让孩子握笔写字，孩子会非常吃力；学龄前的孩子，要做的是"书写技能"的培养，通过一些游戏和动手操作来实现，比如玩积木、折纸、系鞋带、图形连线等锻炼手臂和手腕肌肉的稳定性。不顾孩子的生长规律，太早让幼儿进入书写环节会不会影响他们的骨骼发育和身心健康发展呢？只有尊重孩子身心成长的规律才是真正的教育。

我成为一名人民教师有19年了，刚刚站上讲台的时候教的是七年级的学生，十三四岁的孩子过分活泼。初上讲台，生怕讲不好课，我备课的时候将要讲的每一句话都写在备课本里，最怕的是冷场，与学生互动的时候又怕学生过于兴奋导致自己控制不住场面。我教整个七年级的6个班，同一个内容重复上6次，初中生活泼好动，对课堂和对老师的喜欢也是很直白的，说话无所顾忌，课堂上经常叽叽喳喳的。在教学过程中渐渐地我发现：不同的班有不同的特点，有的班级纪律好，有的班级课堂气氛活跃，有的班级喜欢小组活动……如果根据他们的特点去调整教案，效果会更好。针对不同的班级特点采用不同的方法，提出不同的作业要求，然后我发现学生对要求完成的美术作业都能好好完成，甚至有个别同学会花心思做出相当不错的作品；我会在下一次美术课的时候将各班优秀的作业在每个班巡回展示，学生不仅能看到自己班同学的作品，还能看到其他班同学的作品，学生的积极性因此得到提高。美术教育是初中基础课程中的重要组成，对保证学生身心健康，提升他们的审美水平方面发挥着重要的作用。针对青少年时期的生理、心理特征，抓住他们好奇心强、喜欢和同龄人交流、并且有好胜心的特征来设计课堂实现教育的最终目的：①培养学生适应和应对生活的能力；②培养学生的核心素养，陶冶学生情操，提高他们创造能力、交流合作能力和批判性的思维；③以真实具体广泛的生活场景和图画提升学生的学习能力和鉴赏能力。因此要想培养学生的核心素养就离不

开美术教学，美术对学生核心素养的形成具有导向作用。

2. 遵循美术的教育规律才能真正有效教学

我教过初中，也教过高中，感受挺不一样的：相对初中生来说，高中生开始有自己的想法了，美术课堂上有部分学生偷偷做文化科目的练习，他们开始认为美术没有考试要求，学不学都一样，只有以美术高考为目的的学生才会重视美术科目。其实美术教育在人一生的成长发展中是有很大作用的：①有助于培养人的道德品格，优秀的美术作品饱含艺术家的人生感悟，对普通人来说是十分有感染力的；②有助于培养人的审美能力，培养人对生活更加深刻的领悟能力；③有助于培养人的创新意识，受过良好美术教育的人相较于没有受过美术教育的人而言思维更为活跃，且有明确的审美态度；④可以促进人的身心健康，美术教育在教学方式上灵活多变，教学内容上趣味性和吸引力是枯燥无味的学习的一种调味品，使人获得审美心理上的愉悦。因此，美术教育在高中阶段并不是可有可无的，对人生有着重要的影响。

李镇西老师认为："一个人的一生在不同的阶段，应该完成不同的人生任务，享受相应的人生乐趣。既不要跨越，也不要耽误。中学生的任务就是快乐生长、好好学习，为人生的发展打下坚实的基础，为人生的幸福寻找源头活水。如果这个阶段你缺失了或者虚度了，那么你以后想补，就会耽误下一个时段的任务，就会影响你这个时段的幸福。"面对青少年青春期的一些思想和行为，我们要多一些倾听和包容，因为青春期正是什么都懂一些又不是真正懂的年纪，我们作为老师要做好引导作用，让孩子能在懵懂的青春期得到正确的指引，引导他们树立正确的人生观、价值观和世界观。

美术教育不同于文化科目，它没有公式，美术素养的体现也不能在短时间内体现出成效。教育教学必须根据学生身心发展和学科学习的特点，爱护学生的好奇心、求知欲，充分激发学生的主动意识和进取精神。实现学生为主体，使其主动参与教学的各项学习活动，把旁观者的角色转换成为学习的主动角色，在教学过程中充分发挥学生的想象力、创造力、拓宽学生视野，遵循美术教育规律，真正实现课堂中融合美术核心素养的教育。

做一个有情怀的教师

张宝山

近段时间读了李镇西老师的《教育的初心》，这本书是李老师的教育随笔，书中的事例感觉就是我们教师身边经常遇到的一些真实情况，每篇文章都揭示了教育中的一些现实。我认为一个有情怀的老师首先应该做好以下几点。

一、关爱学生

著名教育家夏丏尊说过："教育没有情感，没有爱，如同池塘没有水一样。没有水，就不能称其为池塘；没有情感，没有爱，也就没有教育。"的确，教育事业就是爱的事业，父母爱自己的孩子是天性，教师爱自己的学生是天职。人的本质就是得到别人的尊敬和信任，学生也是一样的，每个学生都渴望得到老师的关爱，需要得到别人尊敬，也需要别人欣赏自己，这是每个人都有的心理。假如一个学生不受关注，长期得不到老师的肯定，觉得周围的人对自己不怎么关注，他的心理就会发生变化。为什么在我们的教育中，有的学生喜欢这个老师，有的学生讨厌这个老师，可以说跟我们老师自己是有很大关系的。如果我们教师对学生付出爱心，相信我们也同样能得到学生的爱戴。记得在参加工作的第三年，那时候我做班主任，我教过一位学生。这个学生比较内向，遵守纪律，用功刻苦，学习成绩很出色，简单地说，就是那种可以让老师放心的学生。作为班主任，这样的学生是不用管的。但是就是这个学生让我感觉到了自己的不足，感觉到了对学生的关心还有欠缺。有一次我叫班上每个同学给我写一个建议，希望学生都把自己的心里话写在纸条上交给我。我会根据学生的具体情况，解决问题，调整工作方案。当时有个同学写道："每次看到老师跟同学谈话时，我都很羡慕，希望这种荣幸，有一天也能够降临到我的身上。但是，一次次都失望了。长时间里，我感到了一种失落、一种苦恼。我何时也能享受到老师的关爱？"我看了后，很有感触。一个优秀的学生，班主任还用操心吗？我总是把精力放在"问题学生"身上，就把这些好学生的心理需求忽视了。一个好老师，应对所有的学生一视同仁，要照顾每个学生的心灵需求。后来我找她谈话，对她说："看到你写给我的心里话，我内心受到一种触动，因为你的这种想法是我没有注意到的。在我心里，你是一个让我放心的学生，很守纪律、很有上进心、学习也很好的学生。如果我们班个个都像你一样，我这个班主任就不需要操心了。但没想到你还有这样的苦恼，我现在理解了。不管以后我是否找你谈话，你都是我心目中的好学生。"从这以后我跟这位同学的沟通就多了起来，师生关系也格外地好。后来这位同学考上了华南师范大学，每年的教师节都会发一段祝福语给我。做一个教师一定要有爱心，没有爱心是做不了好教师的。做学生的好教师要爱学生，要把学生当作自己的孩子一样去教育、去关怀、去培养，献出真诚的情和爱去扶持。

二、鼓励学生

德国教育家第斯多惠说过：教学的艺术不仅在于传授本领，而更重要的是善于激励、唤醒和鼓励。当一个学生反复遭遇失败的打击，他就变成了差生；所以要把差生转变成优生，就是反其道而行，即让学生反复感受到成功的喜悦，差生就变成了好生。在平时的教育中，也许教师的一句鼓励、一句赞美就会影响一个学生的一生。记得我在上大学的时候，辅导员说他当年选择了画画，就是因为教师赞扬他画画画得如何好；而没选择音乐，就是因他唱歌时别人说他唱的就像鸭子叫一样，直到现在他都不敢在公共场合唱歌。记得2008届班上有个学生，长得很单纯、很可爱，整天都是笑容满面，但画画就是不行。学生交上来的作业我都会写上简短的几句评语，而那年寒假前的期末考试他的成绩有所提高。我在期末试卷上写下了一段评语。这个评语看上去不重要，但是，当学生喜欢这个老师的时候，这句评语就会影响学生的学习心态。这次这个学生的期末考试与平时水平相比，有很大的进步。我在试卷上写了这样一句话："我第一次在这里过春节，因你在这次期末考试成绩的提高而感到快乐。"就这么一句话。学生看到试卷上的评语后，跟父母说："这个老师对我太好了，他第一次在这里过年，因我这次考得好，他就觉得这个年过得开心，我一定要好好学习。"就这么一句话，这个学生整个寒假都带着感恩的心用功学习，寒假过得也很充实。开学初，他父亲打电话给我，说："张老师，真的难以想象，你写的这么一句话，竟然能对孩子的心理产生这么大的冲击。"后来这位同学考上了理想的大学。是的，当一个学生喜欢这个老师时，他对这个科目肯定会感兴趣，对这个科目感兴趣肯定能学好。老师的关爱会直接影响一个学生。

去年，2010届的一个学生发信息给我，问我记不记得她刚从体育班转到我班时我跟她说的那句话。说真的，这么多年过去了，我还真的记不起来了。她在信息里说，她给我发信息的原因是她一直深深地记着我，感谢我，这么多年来，一直想找机会见见我，要当面说谢谢我。她当年是从体育班转来我这个班的，因为当时训练弄伤了脚，不能进行体育训练了。那时候是她学生生涯最灰暗的日子，转到美术班怕跟不上，毕竟自己比其他同学少一年多的美术训练。在那个时候，我的一句话改变了她。当时我跟她说："放下包袱，认真对待每一天，一切都有可能。"就是这句话让她至今都忘不了。我也绝对想不到，这样一句很平常的话，对于当时的她来说，是多么大的精神力量。就是那一次，我让她觉得自己还是有希望。十来年了，我都忘记自己说过这样的一句话。我永远也不会想到，这么一句话改变了她的一生。可见老师的一句话可影响一个学生的一生。

三、尊重学生

了解学生是教学活动的第一步，了解学生应当从记住并呼唤学生的名字开始，当老师能准确地叫出每位学生名字或叫不出学生的名字时，产生的教学效果是大不一样的。记住学生的名字是教师责任心强的外在体现。我自己做学生时也渴望老师能记住自己的名字，我上高中时，有几个老师，到我毕业时都叫不出我的名字。一个学生如果优秀的话，老师能叫不出你的名字吗？我很能体会到学生那种失落感。所以从我踏上教师岗位的那一刻开始，我就要求自己在一定时间内要把学生的名字记住。班上五六十人，也不可能一两天能记住，我会分批分组去记。

记得在2015届，我在上第二节课提问时，随手指向了一个学生："陈永强，请你来回答这个问题。"结果，这个学生感到很吃惊，看我的眼神马上就不一样了。这个同学后来考上了大学。现在在广州工作了。上一次我到广州去，打电话给他，他听到是我，马上问我在哪里，知道我的地址后马上赶过来。中午我们边吃饭边聊。他说："张老师，你知道我为什么对您的印象那么深吗？就是您有一次提问点我的名字，这么快就记住我了，而且我是您第一个点名的学生，我觉得自己在您心里有一定的地位。为这件事我就很感激您。"2007届学生聚会时，有几个学生问我，还记不记得他叫什么名字。当我把他们的名字都说出来的时候，学生都高兴地拍手，说："十来年了，您记得我。"我刻意去记住学生的名字，一是为了方便教学，二是表示一种责任。我们换位思考一下，如我是学生，老师教了一个学期，竟然叫不出自己的名字，自己会怎么想？教学讲究情感互动。记住学生名字，看似一件小事，但要知道，一个教师不用看名单，就能把学生的名字脱口而出，老师的形象就会迅速地在学生心里得到提高。作为教师，我们要想用什么方法去打动学生，才会得到学生尊重，这是我们做教师的功力之一。

教师给学生一句鼓励话语、一个赞赏的微笑，可以使我们在教育学生时取得事半功倍的效果；而一味地责训学生、骂学生只会起到反作用。优秀的学生都是称赞出来的、鼓励出来的，这样的学生自信心和自主性都比较强。

做一名称职的教育工作者

黄清华

    冼老师在广东省"百千万人才培养工程"名教师培养期间，曾在2016年聆听过李镇西老师的讲座，李老师从他的成长经历、教育故事、当校长后的教育思想等方面进行了分享，冼老师说当时已经对他产生极大的影响。今年4月，冼老师组织学员阅读李老师《教育的初心》这本书，紧接着开展阅读线上研讨会和教育教学思想学术线上研讨会，深入研究了李镇西老师的教育教学思想，领略了他的思想魅力和个人风采。李老师提出了许多教育理念，例如："让人们因为我的存在而感到幸福""一个教师的最高境界是把教育当作幸福的事"等，都深刻影响着教育工作者。

    研讨会的最后，工作室顾问房尚昆老师也作了精辟的总结，其中房老师讲道："我们不管做什么事情，一定要专注、用心，要善于研究、善于探究，深入地做下去，我们才能够取得一定的成就，李镇西之所以能取得这样的成绩，与他长期坚持去做一件事是分不开的，我们身边有很多事要做，如果我们都做的话，就可能做得不那么深入，或者做得不那么清晰到位。李镇西他一辈子做一件事，扎扎实实地做教育，研究教育，思考教育，然后把教育所有的思考带到教育的实践当中。"

    面对作为中小学教师的我们，在规划未来这一方面，房老师又提出了这样的思考："第一个要知道我在哪里，要对自己做一个全面的评估和评价，很清楚地知道你现在是一个什么样的角色，你站在哪里，不管从认识你的专业水平还是你的工作态度，你对自己要有个非常细致的分析。第二个，你要到哪里去？我今后还有几十年的教育生涯，我想做一个什么样的教师？第三个，我们要考虑的是怎么做到。不管是对于专业，还是对于教育生涯，我们心中都有奋斗的目标和相应的偶像。第四个，要对自己进行有效的评估。"俗话说得好，干一行爱一行，李镇西老师的教育教学思想给我带来的启发就是他的一心一意一直探究教育教学和他对教育的热爱和责任感。

近段时间，"镇西茶馆"公众号推出了关于德育的随想，文中李老师这样认为："真正的德育无处不在，无时不在"；"学校的德育说到底是对学生情感的培养、态度的确立和价值观的引领，是真善美品质的塑造，是优秀传统文化和人类共同的文明精神的传递，这是教育本身赋予我们的使命，履行这份使命，就是在实施'直接德育'。但这种'培养''确立''引领''塑造'和'传递'，不应该进行——至少是尽可能减少——直截了当的理念灌输，而应该是对学生种种行为习惯的引导乃至训练。任何美好的品德都不是抽象的，而是体现于一个人的举手投足"。李老师在本系列文章的第一篇中就引用赫尔巴特的一句名言"道德是教育的最高目的"来说明一个常识："就功能和目的而言，无论中外，古代的教育在本质上就是引人向善向上的。因此，在本文的语境中，教育就是德育，德育就是教育。"

我去年在高一任教时候，有一位内宿生晚自习期间感冒发热，班主任按程序按时送学生到相关医院发热门诊就医，由于检验核酸结果还没出来，暂时不能回校，了解到该学生在县城也没有亲戚，班主任又是年轻的女教师，为了安全起见，我开车与另外一位男老师一起送学生回乡镇，当时寒冬季节，一路上车速不快，漆黑的夜晚寒风夹细雨，道路两旁的村落隐约可见，30千米左右的乡村路程安全送达，在村口跟学生家长做好交代之后，我与同事立即回程。几天后，该生回校上课了，她特意到办公室跟我说感谢，然后留下写有祝福语的小卡片转身回教室，看着她愉悦轻快地转身，马尾辫随风飘扬，那一瞬间，我感觉这就是教育者的幸福感。

平时学校开展感恩、"仁爱"教育活动，教导学生从爱父母、爱老师、爱同学、爱身边的人开始，对给予自己关怀和帮助过的人应抱有感激之心，以仁爱之心对待身边的人和事。通过主题班会等形式对学生进行教育，使学生学会关心、学会做人。通过对学生集中进行行为规范系列教育，强化训练，培养学生自我约束、自我管理的能力。通过具体的强化训练，充分发挥学生的主体作用，让学生自主组织活动、管理评价，逐步使学生从"要我这样做"转变为

"我应该这样做"，使良好的行为习惯内化为自觉的行动，重视良好学习习惯的养成教育，让学生终身受益。

郑杰校长在《给教师的一百条新建议：做一名称职的教育服务者》一文中这样讲道："教师提供的教育服务既要完成国家制定的课程目标任务，又要执行学校依法制定的质量标准和质量过程，同时，要将这些目标任务标准过程化为让学生乐于接受的服务活动。教师不仅是在完成传递人类文明的任务，还应该用自己的人格力量和文化素养去感召和感染学生；教师不是先要求学生尊重自己，而是先让自己成为学生的偶像去赢得他们的尊敬；不是用严格控制或批评惩罚去牵住学生的注意力，而是了解你所教的孩子的心理需求，设法用你的魅力、用凝聚在你身上的对真理的敬畏、对善良的信仰以及你的气质、得体的语言、你的激情、你的幽默和真正地对生命的关怀去吸引并指引每一个孩子。这样复杂的服务活动，如果我们不学习不研究，我们就很难胜任。"同时，郑杰校长认为，拥有良好的服务态度应包括四点：一是微笑，微笑能改变心情；二是积极，精神饱满，办事迅速及时；三是倾听，别随意打断或轻率地指责对方；四是和善，说话温和。

通过本次名师心中的名师教育思想研讨会，我发现自己还有很多不足的地方。教育思维需与时俱进，时刻保持着对教育教学的热爱，要站在一定的高度看待教育。回顾这些年的教育教学，我用心、务实，为学生；在平凡的教育工作岗位上，我会时刻牢记自己的职责，不断努力提高专业技能，爱岗敬业，主动、认真、负责地完成本学科的教育教学任务。

充满感情的教育

黎海妮

李镇西被誉为"中国式苏霍姆林斯基"。他受苏霍姆林斯基的影响，并根据中国的国情改进创新，提出了一系列先进的办学主张。李老师的教育实践一直被其他的学校、教师模仿，其民主教育思想一直为人称道。他是现代版的苏霍姆林斯基，对我启发很大。

一、了解李镇西的教育思想历程

大学刚毕业参加教学工作时，我有一种真诚的使命感和责任感。那是来自我少年时代所受的关于英雄主义和理想主义的教育。2021年经遴选，我成为广东省中小学新一轮（2021—2023）冼贤名师工作室学员兼助手，工作室通过组织学术研讨会，研讨李镇西教育家的教育教学思想，激发团队成员成为教育家型的名教师的潜力。工作室主持人冼老师聆听过李镇西老师的讲座。李老师从他的成长经历、教育故事、当校长后的教育思想等方面进行了分享，对主持人产生极大的影响。而我从2008年大学毕业参加工作就有幸成为冼老师的同事，冼老师的教育思想、教育情怀在我心中播下种子，生根发芽，对我产生极大的影响。在冼老师的倡导和引领下，我阅读了李镇西的《教育的初心》这本书。自从学美术之后我喜欢读的更多的是画册和专业相关的书籍，我已经很久没有这样沉浸下来，安安静静地读完一本纯文字书了。手捧《教育的初心》，我读得手不释卷，不得不说，拜读之后，感慨万千，受益良多。像是在唤醒，像是萌发，无形之中开始了冷静的思考。拜读《教育的初心》之后，我又读了《爱心与教育》，并查阅了有关李镇西老师的资料。

李镇西老师说：素质教育，首先是充满感情的教育。一个受孩子衷心爱戴的老师，一定是一位最富有人情味的人。只有童心能够唤醒爱心，只有爱心能够滋润童心。离开了情感，一切教育都无从谈起。我也做了十几年的老师，也是一位很有爱心的老师，我的爱与教育也影响了一批又一批的学生，为什么在教育学生时，我没有李镇西老师的从容，却有了无力感呢？做了十几年老师，我读的书大部分都是绘画方面的书籍，而对于教育类的经典书籍，我读得太少了。但是李镇西老师不同，他不仅阅读了很多经典的教育类书籍，而且还读了语文专业的书籍；我缺乏以研究的态度对待教育的思想。就"后进生"转化工作，李镇西老师不仅分析了它的成因，还指出了转化他们时要民主、要科学、要个性。我缺乏对教育进行的深入思考。宁小燕的死，让很多熟知她的人深感惋惜，一个从小就很优秀的学生为什么会选择在16岁就结束自己的生命呢？李老师不仅分析了宁小燕的日记，更从宁小燕自杀事件中去剖析我们的德育问题。高尔基曾经说过：爱孩子，是连母鸡都会做的事情。但是，智慧地爱，专业地爱，却不是每个人都能做到的。而我，正需要用专业的爱来做更好的教育。

二、真诚地喜爱学生，走进学生的心灵

李镇西先生说，教育就应像童话一样美丽。他是这样说的，更是这样做的。他和学生一起去旅行，走过山和水；他和学生去野营，笑谈天与地；他和学生游戏，享受纯粹的欢乐。他是苏霍姆林斯基思想的践行者，苏霍姆林斯基说："随着岁月的流逝，我愈加坚定了一个信念——对孩子的依恋之情，这是教育修养中起决定作用的一种品质。"而我们，拥有这样的品质吗？我深受镇西老师影响，往事一幕幕呈现，我也做了那么多纯真有爱的事，比如和学生一起写生、一起做饭、一起登山看日出，送生日祝福，带班里学生策划给生病的学生送温暖，珍藏学生送的礼物……现如今想来，曾经的那些发自内心的爱都成了孩子们和我岁月里的珍藏。无论何时，都将这些继续下去吧！《教育的初心》与生命同行，让生命美好，使每一个生命自由而舒展，这是教育的意义和价值所在，是教育的情怀与信念。让我们不忘教育初心，肩负教育使命，上下求索，志存高远，坚定信念，虽远不怠！读书，唤醒初登讲台的初心与情怀，只为遇见更高的人，遇见更好的自己！

三、学会培养自己并不断地超越自己

李镇西先生在报告中对在场的老师们提出了这样的两个问题：你是学者型教师吗？你平时有阅读和写作的习惯吗？他甚至还严厉地说到和老一辈大师相比，我们连学者都谈不上。是呀，一个教师首先要做的就是以自己的专业知识和学识魅力吸引学生。课上不好，班带不好，谈何其他！人是自己成长起来的，不是别人培养起来的。李镇西老师说：学习、工作、思考是教师教研的三大法宝。他说我们要把遇到的每一个难题当作科研课题对待，把每一个难教的儿童当成课堂研究对象。我认为做到这点很难，也极少有老师把心思花费在研究学生上。而教师实际工作中的难点恰恰是问题学生，磨刀不误砍柴工，用对方法更轻松。由此看来，问题学生值得我们去研究。

对于一线教师来说，让科学理论根植于实践，在教学过程中形成符合学生实际的有效操作方式，同时从科学理论中获得自己的领悟，这个过程离不开教学反思。李镇西先生在报告中分享了这样一段话：任何一个教育者在其教育生涯中，都会犯这样那样的错误。区别在于优秀的教育者和平庸的教育者，不在于教育者是否犯错误，而在于他如何对待已经犯下的错误。善于反思把教育失误变成教育财富，这是任何一个教育者从普通教师走向教育专家乃至教育家的最关键因素。他分享了从教期间自己转化后进生的经验，他把这样的经历都视为自己研究的课题。个案研究、追踪研究，锲而不舍。他在帮助学生成长，与此同时，学生也成就了他。他真正地让学生成为自己的监督者、评价者、批评者和激励者。

读书越多，越觉得自己孤陋寡闻！与智者同行，智而不止！明天，加油！

春风化雨，笃行不息

吴达清

壬寅年的春天，寒意未尽，新年度的省"悦分享粤精彩"已经悄然拉开了帷幕，冼贤老师向我们学员推荐的专著是李镇西老师的《教育的初心》。什么是"教育的初心"？在这本书里，李老师完美地解读了"初心"是什么，那就是一颗纯真朴素的教育心灵，不因为时代而改变，不因环境而动摇，不因困难而裂变。回想一下，刚走上教坛的我们是多么地明净，我们就是很单纯地爱着学生，迷恋讲台，享受校园的欢快，踏踏实实地耕耘付出，从未曾理会什么评优评先，职称职位，也无惧社会世俗的险恶与蜚语。不知几何，随着教学经验的累积，工作劳动的琐碎，社会与生活的压力，年复一年、日复一日的工作节奏，自己对教育的认识与理解慢慢停滞固化，教学的热情渐渐消退，教师的责任感与使命感日渐淡薄，这并不是我们从事教育的初心。随着学习的深入，《教育的初心》这本书也被我反复地品读、思考，不少难以捉摸的疑惑，及时得到房尚昆老师、王婧老师的线上指导，我对李镇西老师的教育理念有了比较清晰而深刻的认识，获得了一种前所未有的力量，那种力量，让在烦琐生活中沉浮的心灵得到安宁，充盈着浩然正气与蓬勃的朝气。

一、坚守平真，幸福起航

李镇西老师的专著很多，《教育的初心》是比较特别的一本，言辞犀利，文风冷峻，感情真挚，对社会中出现的丑恶现象予以直接的批判，毫不客气，对从事一线默默奉献而遭遇不公待遇的平凡教师倾计相助。我们读者的心绪如同打翻的五味瓶，失望与愤怒，欢喜与欣慰，难以言明。李老师总能用他独特的叙事方式和语言魅力，让我们回归于冷静与理性，让我们内心获得暴风雨过后的一片宁静，产生一种莫名的力量，向着更远比彼岸跋涉起航。

读了李镇西老师的《教育的初心》，我对美术教育教学又有了新领悟。高二美术生的学习心理有一个很明显的特征，那就是因专业学习的瓶颈期而导致的焦虑感十分明显，严重的会导致心理过度焦虑、消沉，对美术学习失去信心。这届学生中有一位女生就学习十分优秀，在班级中也很受欢迎，但学习的瓶颈期是谁都难以避免的。按照以往，我会给她灌点"心灵鸡汤"，谈谈家人与朋友，谈谈未来与理想，再具体谈谈学习中的问题，明确努力的方向。现在，通读了李老师的《教育的初心》，我换了一个角度，尽可能地避免功利性的、画大饼式的精神充饥，而是以立德育人为核心点，告诉她人生的路很漫长，在任何时候都会有喜有忧，有荣耀也有困境，我们要"不以物喜不以己悲"，要时刻坚守内心的平静，培养自己的定性，要回视自己学习美术的初心，恪守本真，找回最初学习美术那种发自内心的欢乐，享受笔尖下的快乐。凡是在一个领域里取得优异成绩的人，都有一个特点，就是平心静气，恪守本真，进而能专心致志，学有所成。优秀的品性品德，往往让学生能走得更稳健、更长远。

二、初心弥坚，迎难而上

一直以来，我都在思考，每年数以十万计的美术生进入重点高校，学纯艺术类专业的学生占比也不少，这么多年了，这么多优秀的同学，他们去哪里了？从事绘画与创作的还有几人？还能持续在展览上露面的又有几人？在今年肇庆市美术教师专业技能的培训上，我倒是遇见一位老师，她对专业的热爱与投入，给我留下了极为深刻的印象，她毕业也有好些年了，小孩也刚上幼儿园小班，但看她的专业水准，一直保持在一个高的状态，这是极难得的。前些天在他们学校，正好见到了她在带高三的专业课，墙上布满的是她的示范作业，是按模块划分好、一组一组的示范作业。见到我们到来，她很兴奋地向我们讲解她的教学思路，教学设计各个环节之间的内在联系，并对常见的市面上的出版教学资料也提出了自己的见解，而不是亦步亦趋地套用。弹指间，多少天来的疑惑突然得到答案，那就是对专业发自内心地珍爱，对教育工作由衷的荣誉感，不管世俗有多少偏见，也不畏工作有多少繁杂，对教育的初心始终如一，对自身专业水平的提升永不满足。这不正是李镇西老师在《教育的初心》中始终一贯的核心思想吗？我恍然大悟，初心是信心与力量的来源，不论是教育教学还是自己的专业专长，只有坚守自己的初心，一切从原点出发，保持最初的信仰，不为外界的迷惑所迷惘，不因困难重重而自我否定放弃，那么我们就一定能自然而然地实现最初的梦想，无悔一生。

三、追逐梦想，永不止步

梦想，是一个十分美好的词语，但现实也很残酷，多少美好的梦想随着时间的消逝而如泡影幻灭，对于上有老、下有小，迫于生计、忙于工作的我们，梦想又是一个多么奢侈的名词。读了李老师这本《教育的初心》，我又找到了拥有梦想的勇气。我细细地盘点自懂事以来我还能记得的梦想，最小的时候，我想当个警察，与坏人搏斗，抓住大坏蛋，大概是所有男孩子的梦想吧；到后来，我想过要做天文学家、生物学家，或者园艺师、农场主。有梦想，是件多么美好的事，它让我们琐碎的日子有了期待，蹉跎的岁月不再漫长。在以前的教育教学中，我总感觉压力很大，总是希望学生能考出好成绩，考上理想的大学，我们的关注点也自然是考纲要求的各个知识点，要一个一个地进行讲解，要有序地进行突破，要帮助学生一分一分地拿，我们首要的目标就是在这高中三年，让学生能考上他理想的大学，做好我们的事，至于他以后的学习与发展，自然有他的大学老师，我想得多么心安理得。现在，我们还要播下"火种"，在教会学生知识的同时，还要给他以心灵启迪，明白自己的梦想是什么，自己可以用尽一生的时间去追求的是什么，要给他们信心，要保护好他们这些似乎很远大又很遥远的梦。我今年带的是高三毕业班，往年的这个时候，学生的单考成绩出来了，我们似乎就如释重负了。现在，我除了鼓励他们好好学文化课，更要对他们做一个长线的安排，一方面，在报考学校上，根据不同学生的兴趣和专长，鼓励学生在名校与专业的选择上，以适合自己发展的专业为优先考虑原则，毕竟好的专业会走得更久远；另一方面，也尽可能地调动自己的资源，为学生大学阶段的学习做一个合理的规划，让他们插上梦想的翅膀，在自由的天空中翱翔。

行动就会有收获，坚持定会看到奇迹。

教育无他，唯爱与榜样

朱淞麟

　　最近总在课余翻翻这本《教育的初心》，酝酿写点读后感言，纵使心头万绪，却总觉得无从下手，一来是的确忙于学校教学，闲暇时间又被育儿琐事占据；二来也忙于搞创作，无暇顾及，一直拖到现在，终于不得不结合自身教育教学经历写一些对李镇西教育思想的认识。这本书作为我们省名教师工作室的推荐阅读书籍之一，导师冼贤老师强烈要求我们认真挖掘其中的教育思想，来捋顺自身的育人思路，这本书中的内容也真真切切治愈了我的精神内耗。"教育无他，唯爱与榜样"，是德国著名教育学家福禄贝尔的教育思想。相信如同李镇西这样对教育孜孜不倦的付出汗水与心血的教育家才真正促成了我们今天的大教育局面。

一、自我内驱，终身学习

　　我十年前对教育一无所知，现在也仅仅是一知半解，我曾经作为艺术师范生，甚至并不将教师作为未来的职业来选择。因为印象中的教师总是古板严肃，教条无趣，说教乏味，对这个职业实在毫无向往之情。但我崇拜的老师形象一定是博学睿智、春风化雨、温润如玉，拥有教育情怀并认真教授的亦师亦友的学者型教师。我曾经也因为自身教育教学能力、教学水准、育人经验、专业技术水平欠缺，懵懵懂懂地过了好些年，亟待提升综合教学水平。我也寻找属于自己的教育初心。参加名教师工作室之后最大的收获就是教学与研修结合起来，冼贤老师要求入室学员要立足课堂，善于总结教学，总结的过程就是思考的过程。《教育的初心》中有一篇《"高效课堂"并非"包治百病"——李镇西在名校共同体上的发言》的文章令我印象深刻，文中强调"高效"一词容易让人误解，因为课堂的任务不仅仅是传授知识，或者说传授知识可以"高效"，可能力的培养、素养的提高、心灵的滋养和精神的提升，不可能"高效"；不同的学科，也不可能都"高效"。他支持探索如何在不同学科的课堂上呈现课堂改革的基本理念，让不同的学科根据自己的特点以不同的方式呈现民主、平等、尊重、自主等理念。

记得在肇庆市教师发展中心统筹下，高要区教师发展中心曾邀请国家级名师房尚昆老师做公开课，房老师现在也是我们工作室的导师；还邀请广东省非物质文化遗产金渡花席传承人何冠醒老师讲版画公开课；邀请肇庆市教师发展中心美术教研员邓粤军老师做美术备考策略讲座；以及高要区教师发展中心美术教研员庞宗伟老师亲自为广大美术教师义务做水彩画技法培训；等等。每一场活动我都参加，不曾缺席，因为这是难得的开阔眼界的机会，也是一名教师成长的必经阶段。如果说没有更好的外因促使自己成长，那么自己这个本体就该发挥内驱动力，寻求自我提升：读书也好，拿着画笔走街串巷写生也好，参观美术展览也好，观摩端砚、玉器、竹编等手工艺人的工作室作坊也好，走进文化馆查找本地区的人文资料也好……我相信，可以帮助一名美术教师成长的手段非常多，有一点至关重要，就是我们有没有主动关注和获取业务知识或者专业知识储备意识，我们一直在用自己的经验教学，老套且低成效的育人手段，年复一年，日复一日，学生学得累，我们教得同样累。通过自我内驱，外围推动，并注入科学且新颖的育人理念让学生高效地学习，产生终身可持续的学习兴趣，相信这才是我们教育人真正成为中华民族梦之队筑梦人的方法。所以我的教育初心便是摆正心态，尽快提升专业技能与育人经验，不断充实自己，使自己在从事的美术教育事业上更加专业、专研、专精，给学生最精华的知识营养，更重要的是教他们学会如何思考。既来之则安之，紧贴时代发展脉搏，培养学生健康、完整的人格才是我的终极目标，我逐渐发觉自己对教师职业有了全新的认识。

二、以身作则，教学相长

教育事关国家发展、事关民族未来。今天，没有哪一项事业像教育这样影响甚至决定着接班人问题，影响甚至决定着国家长治久安，影响甚至决定着民族复兴和国家崛起。从这个意义上说，教育是国之大计、党之大计。2018年，习近平总书记在全国教育大会上的讲话将教育重要性提到全新高度。

教育事业一定是需要教育工作者的无限热爱和持续付出才能铸就的伟大事业，或许我们的工作本身并不伟大，这本来就是我们的本职工作。但如同培养自己孩子一样用爱呵护他们，春风化雨般地浸润他们成才，才显出这个职业的伟大。李镇西老师《教育的初心》这本教育专著，给我的感受是李老师对教育事业的情怀与深沉的爱，对学生的爱，对教师的爱，对学校的爱，对事关教育的时事事事关心、针砭时弊，提出真知灼见和慎重思考，看得出来他非常重视学校教育、家庭教育、社会教育。张桂梅同样是教育管理者的教育之光，每次看到张桂梅老师的事迹我都感叹她身为教师的伟大，她用无限的爱浇灌着女童的成长，不计代价地关照着不谙世事的学生，家访路程累计11万余千米，甚至拿出自己的奖金来补贴某些窘迫的学生家庭……

无数拥有大爱的教师在祖国的大江南北，默默地做着有教无类的壮举，教育事业需要博爱，需要教育者用无差别的爱对待每一位学生，陪伴其认真对待自己的人生，树立远大理想，培养他们坚毅的品格。我也很爱我的学生，很容易与他们打成一片，所教的第一届学生，他们已经成家立业，在各行各业有了很出色的成绩，我每年都见面了解他们的生活情况，由衷地为他们感到高兴。我们亦师亦友，我带他们去写生，去看美展，看教育意义的电影，感受中国优秀传统文化的魅力，并注重学生的个性发展，鼓励他们做自己，给予关爱和包容，又兼具严厉和要求，在通往提升审美的路上教学相长。教师这个职业伟大而光辉，不容亵渎，唯有以身作则，以最佳的职业使命感面对时代给予教师的新要求。

三、榜样力量，助力成长

从业以来，我一直坚信榜样的力量。家庭教育层面，父母长辈是我的榜样，社会教育层面，各行各业的从业者是我的榜样，学校教育层面，李镇西老师、冼贤老师、莫志明校长是我的榜样……

同样，作为教师的我们也可以成为学生的榜样。美术作为高中学业水平测试的科目之一，无论在社会层面、教育层面还是家庭层面，所受的重视程度越来越高，对美术教师的美术教育素养有了全新的要求。美术教育更是美育的重要组成部分，其中包括图像识读、美术表现、审美判断、创意实践、文化理解。这就要求美术教师具备广博的知识储备，并具备根植于中国传统文化的美学修养。我是甘肃籍的美术教师，我也将敦煌学这个中国三大地方显学之一的学问作为自己毕生的研修理想。敦煌学举世瞩目，敦煌艺术广受顶礼膜拜，临摹敦煌壁画的知名艺术家很多，常书鸿先生和段文杰先生更是为保护敦煌艺术鞠躬尽瘁、矢志不渝。一代代敦煌学守护者的努力成果斐然，国际敦煌学术界一致认可敦煌学仍在中国。还记得母校西北师大美术学院（曾称敦煌艺术学院）前常书鸿先生的雕塑，面朝敦煌方向而立。作为甘肃籍的美学工作者，我对敦煌壁画的情结由来已久，终于结缘肇庆青年美协主席毛宜教授策划的致敬经典临摹大展，才把对敦煌艺术的情感得以展露。

偶然翻到《世纪敦煌》这本敦煌壁画摄影集，其中敦煌莫高窟第6窟北壁西侧五代画《药师经变图》，画面中央药师佛左手托药钵，右手执锡杖，意为除众病、护苍生。这种形象较多出现在敦煌壁画晚期，对于壁画的艺术形式，我第一次用油画表现，感受特别。我用最熟悉的工具，临摹方式为意临，除画面居中的药师佛稍微具象外，周围的菩萨形象做虚化处理，用色单一，壁画里的青绿设色令我着迷，特新绘这幅《药王经变图》。

美术专业技能我仍在努力强化，教育教学研修持续更新，不敢懈怠，我也坚信我在提升教师自身能力的同时，一定也是在提升学生学习效率。教育无他，唯爱与榜样，少儿育人专家的名言引领我前行，冼贤老师对学生学习心理的精确认知，莫志明校长对教师的谆谆教诲，李镇西老师的教育情怀及对教育初心的新定义，还有很多教育界同行们对教育事业的不懈耕耘。冼贤老师在名师荐读活动中给了每位学员一本李镇西老师的《教育的初心》，这本书的的确确治愈了我的精神内耗。

以美育人，成就全人

杨 琦

从一开始读李镇西老师的《教育的初心》到后来关注微信公众号"镇西茶馆"，我感受到了李镇西老师对教育务实而质朴的理念，他认为虽然现在是"互联网+"时代，是人工智能兴起的时代，但其本质依然是人的时代。"教育首先是人学，作为教育者，如果不了解自己的学生，不了解他们的思想、兴趣、爱好、才能、禀赋，不能正确认知他们的发展状态并加以引导，那根本不是真正的教育。"如今全球教育推崇"全人教育"理念，全人教育是一种理想的教育理念，也是中外教育家的一种理想追求。其内涵、宗旨与目的都与传统教育有着很大的区别，全人教育整合了"以社会为本"和"以人为本"的两种教育观点，提出每个学习者都是独特、有价值的个体，都具有潜在的创造性，都有独特的生理、经济、知识精神需要和能力，也都有无限的学习潜力，因此对每个学习者都必须给予宽容、尊重和欣赏。在全人教育理念下，教师应关注每一个人的智力、情感、社会性、物质性、艺术性、创造性等能力的全面挖掘。

中学生的学习生活、社会交往与自我成长过程中，那些关乎现实意义和同理心的共情能力，关爱自我和他人的情感能力，调节心理健康的情绪能力，在实现自我持续发展与实现健全人格的道路上，情感教育显得尤为重要。作为一名美术教师，在教学中注入"情感教育"，以达到培养成就"全人"的教育目标。

一、注入情感教育，促进学生形成健康的审美趣味

做好美育工作，要坚持立德树人，扎根时代生活，遵循美育特点，弘扬

中华美育精神，让祖国青年一代身心都健康成长。重视美育是学生实现全面发展与多样化成长的需要，美术课程本身就肩负着以美育人的责任，在教学中注入"情感教育"是培养价值观形成的重要手段，在我的美术课堂上，我会腾出专业训练的时间给学生上鉴赏课，通过欣赏中外美术作品，特别是本民族在各个重要历史时期的美术作品，让学生对自己的文化感到自豪，如黄公望的《千里江山图》、顾闳中的《韩熙载夜宴图》、董希文的《开国大典》、罗中立的《父亲》、蒋兆和的《流民图》等，让他们感受名家名作传递出的人生观、价值观，体会人性的美好，让作品教会他们以积极的态度去生活。我喜欢在课堂中跟学生以贴近他们生活的方式聊作品，比如《流民图》中描绘的种种苦态，与他们看过的冯小刚电影《1942》中的联系，或者是在《梅杜萨之筏》中与他们聊《少年派》，让他们带着好奇心去猜测木筏上的人们可能经历过的，或者即将发生的事情。通过讲故事，聊历史，把美术作品鉴赏与他们的学科知识与生活经验建立联系，营造互动对话的课堂情境，达到"情感教育"的互通和共鸣。

二、注重学科规律方法的学习归纳，掌握"本质规律"

在进行素描课的教学时，我会先进行素描基础的方法论教学，如工具使用、观察方式、知识要素、表现技法的讲解，再用实物让学生进行静物写生。在学生练习的过程中如发现普遍性存在的问题，我会及时针对这些问题进行讲解与二次示范，帮助学生强化对方法步骤的规律性学习，在练习结束后，当堂进行评价，无论是自评、他评或师评，依旧围绕方法步骤的规律展开讨论，打出一套集中性、重复性、集群性的组合拳，让学习知识规律方法的意识深深嵌入学生心中，做到教而有法，达成学而有序。

未来越是变动不居，越是纷繁复杂，我们越应该沉着冷静，回归本质，帮助学生抓住本质的概念，思考本质的问题，而不是过早就学习一些技巧性的东西。这种学习观最终会作用于学生，让学生有可能在未来去思考自己与世界的关系，探究一系列不会因为时代变迁而失去价值的大问题。

三、创造性地使用教材，将课程教学资源与学生生活经验融合，从课本走向生活

除了教材中的教学资源，当下生活中正发生或者刚出现的美术作品也是学生很感兴趣的，其时代性更贴近学生的生活。因此在美术教学中，除了对教材中作品的解读，也应该让学生多了解当下具有时代特征的新作品，帮助学生关注当下，关注社会，形成对美术文化理解的建构能力。通过帮助学生深入作品的情境中，揭示出作为欣赏者能看见的隐性表达，从而生成更为丰富的审美体验，推动美术鉴赏从被动观看转向主动的生活融入。美术的生活化教学，其内涵在于通过欣赏讨论美术作品，关联生活经验与各学科知识，学会用联系、推理、假设等方法深入挖掘作品的精神内涵，以达到美术教学生活化。

在人美版高中美术鉴赏《分析理解美术作品的创作意图》一课中，引入庞茂琨最新作品《每天的晚宴》进行赏析，如果单方面从精湛的动态表情技法表现进行解析，学生很难感悟这幅画有哪些现实意义。大多数学生只看出表面呈现出来的一大桌子残羹，一个在收拾餐桌的服务员，只看出这是表现粮食的浪费。而我则采用了设问的方式，一步步引导学生联系生活，学会以"代入感"的方式去假设，去多角度地发现问题，探究答案。在学生深入交流探讨后，我发现大家的思路被打开了，每个人的生活经验都是鲜活的答案，学生也从中获得探索发现的价值感。随后我又抛出问题，让学生尝试与艺术家所生存的社会环境和文化情境去建立联系，学生在了解如何联系生活进行赏析理解后，发言的态度积极了，思想交流碰撞后得到的解答也更为丰富充实。因此，将课程教学资源与学生生活经验融合，从课本走向生活，更符合学生的认知规律，更能激发学生的求知欲望。

课堂是教学的主阵地，随着"双减"政策的实施，学校课堂教学的重要性日益凸显，如何进一步把脉课堂，"以终为始"去设计课堂教学内容与环节，提升课堂的效率始终是我们孜孜以求的教学课题。与此同时，教育不同于教学，教育是教看不见的东西，它应该是包含学科知识以外的各种能力，需要教育工作者以学科育人的理念，站在当下教育改革的新起点，以仁爱之心，求索之欲去对待，只有与学生一同学习与成长，才能在从教书走向育人的征途上不断实现自我价值，达到"以美育人，成就全人"的目标。

幸福与优秀同在

侯小玲

　　明明是为了生活而工作，可最后却为了工作而生活，为了出色工作，把变得优秀作为目标，走在变得优秀的道路上却忘记了如何生活。

——题记

　　《幸福比优秀更重要》这本书是我在《教育的初心》的封底书本推荐这一栏发现的。当我读完《幸福比优秀更重要》这本书后，我感受到了李镇西老师在享受教育过程中满满的幸福感，给了我心灵的震撼与对"幸福"二字的新理解。下面分享一下我的读书体会。

一、优秀是目标

　　常言道"让优秀成为一种习惯"，而努力争取当一名优秀的教师更是激励教师奋发的话语。作为教师，优秀是这个职业的崇高追求。教师的言传身教与人文素养息息相关。作为人类灵魂的工程师，教师自身要努力成为优秀者，只有自己优秀了，才能对学生耳濡目染，在课内、课外给学生展现最好的教育。由此看来，优秀是每一位教师一直的追求。

　　以德为先、立德树人，素质教育提到——德、智、体、美、劳，身体是革命的本钱，教育更应该注重学生强健的体魄，当年蔡元培先生主张把逻辑顺序定为：体、智、德、美。"体"排在第一，也就是说健康的体魄，更容易产生智慧、产生高尚的道德感，人只有有了高尚的道德，心灵才会更美，美是最高的境界。我常常会要求自己每天都比前一天有所进步，努力争取成为一名优秀的教师。作为美术教师的我，更应该把美育渗透在自己的课堂中去，培养学生有发现美的眼睛、感受美的心灵。

二、幸福是重点

幸福是什么？我觉得幸福其实是一种心情、一种滋味，更是一种满足。只要你细心地发现和用心地体会，你就会成为最幸福的人。

优秀是源自别人对自己的评价或者肯定，而幸福是自我内心的真实感受。优秀是稀缺性的，很难得到，而幸福则是一种心境，是一种感觉。正是因为这个，李镇西老师才写出了《幸福比优秀更重要》这一本书。李老师在书中还拓宽了幸福的内涵，他一直强调的，也是武侯实验学校的校训，"让别人因为我的存在而感到幸福"。我想，这种幸福已经超出了教师这个职业幸福的范畴，更像是人生中的一种境界。

看到了这些，联想到刚刚回来当老师的我，一样是怀着对教育事业的热爱和美好的憧憬回到母校，每天看到学生纯真的眼神、真挚的笑容，想着我将要带着他们走进美术的课堂，遨游在高中美术的海洋中，顿感肩上责任之重大。陪伴他们考上理想的学府，这份职业之神圣让我向往。我每天激情满满，虚心向其他老师学习，做好自己的本职工作，认真写好每一节课的教案，备好每一堂课，努力提升自己的专业技能，尽可能地成为学生心目中的良师益友。我的付出得到了学生的回报，走在校园里，学生亲切地对我打招呼；每逢节日，孩子们都会发来一份份诚挚的祝福。即使是毕业了的学生，也会和我倾诉自己的近况。看到每一个学生收获着成长，我也收获着幸福。

曾经有个老教师对我说"要有写作的习惯"，所以在日常的教学过程中，我都会写一写自己的教学笔记。作为一名美术教师，除了画画，还需要多阅读，丰富自己的职业素养，力求把写作融入自己的日常工作中，在各种积累中获取智慧，使自己的教学经验变得丰富，使得自己在教育教学中游刃有余。我知道，一边教学、一边读书、一边画画，坚持下来可能会很辛苦，也很难，这需要我们拥有坚定不移的初心支撑，当自己为工作注入了持之以恒的精神动力时，若干年后回看这些笔记，那也是一种幸福。

随着教龄的增长，我渐渐觉得工作起来忙碌有余而激情不足，虽然认真依旧但幸福感却没有以前浓烈，我想也许是这一成不变的工作慢慢地消磨了我教育的初心。这本书中，李老师告诉我们要懂得学生的爱，一个能够被学生感动的老师，一般会拥有满满的幸福感。想起了今年7月份，收到信息，是一个已经毕业几年的学生，他说现在会常常想起以前在画室上课的点滴，现在已经考上广美的研究生了，很感谢当年我对他的指导，我心里的满足与自豪溢于言表。也有一些学生告诉我，是我改变了他们对美术的看法，让他们渐渐喜欢上了美术课，制定了合适的目标，考上自己理想的大学。想到这些，我会觉得自己虽然不是很优秀，但是会因为这些而感到幸福。

三、优秀、幸福二者亦可兼得

"优秀是用别人的眼光看自己，幸福则是用自己的心灵感受生活。"

书中李老师拿幸福和优秀相比，但并没有把这两者当成对立关系，而是在提醒我们教师自己的价值取向，幸福和优秀应该两者兼顾，因为优秀而感到幸福，因为幸福而变得更加优秀。

当一个老师，自己的教学能力都不去自我提升，上课也没有认真备课，别人会评价他是一个优秀的老师吗？如果不优秀又如何让同行敬重呢？又何得到学生爱戴和自我的满足呢？又如何感受到作为教师的幸福感呢？

就现在的我来说吧，我感觉我是幸运的，更是幸福的，虽然我并不够优秀，一直在努力提升的路上，争取当一位优秀的美术老师。我是幸福的，是因为我有份自己喜欢的职业，想着以后退休了还可以背着行囊，边旅游边画画，这是多么惬意的生活。作为一名教师，当自己用心教导学生，桃李满天下的时候，还会有学生惦记着自己，那种幸福也是别人无法体会的。所以我因教书而感到幸福。

我还在变得更优秀的道路上，我有幸加入了广东省冼贤名师工作室，有机会跟着导师和其他学员一起学习，他们的经验是让我少走弯路，他们的帮助会让我迅速成长，会让我成为一名优秀的教师，总之，努力做到既优秀又幸福。

曾经我也有自己的教育理想，正像李老师所说的那样，怀揣着自己的教育梦想，在班级里幸福成长。他说，"优秀"至少有两个含义：一是指我们工作及成绩比别人相对出色一些；二是指我们所获得的荣誉证书或称号比别人更多。他越来越坚定地认为，一个教师，是否"优秀"不是最重要的，是否"卓越"更无关紧要，最关键的是是否"幸福"！

看看李镇西老师心中的好老师标准，那就是成为一名"三好一会"的老师，即课上得好、班带得好、分考得好、会转化后进生。这是多么切合实际的标准，我们通过不停地实践、思考、阅读、写作，不断培养自己、成就自己。我坚信教师这条路会一路芬芳，我也终会让别人因为我的存在而幸福。

素质为重，育人为本

肖泽堃

从教以来，我似乎没有认真考虑过什么是教育教学思想。我一直以来的教学状态是做好常规教学工作，认真完成学校的工作安排，尽自己最大的能力让更多的学生考上大学，仅此而已。自从2021年10月申请加入广东省冼贤名师工作室以后，我参加了一系列的研修活动。尤其是怎样立足课堂为根本，围绕怎样上好一堂课、为国家培养什么样的人才等研修活动，让我重新审视自己的课堂，审视自己的教学思想。

看完李镇西老师的一些专著以后我的脑海里就浮现了两个字"矛盾"，一方面是非常佩服和赞同李镇西老师的教学思想，一方面又不得不被教育的现状、教育环境打倒。我作为一名长期工作在一线的老师，同时也是一个在小县城上小学三年级的学生的家长，还是一个在省城上小学四年级的学生的舅舅。在这里我为什么要把"小县城"和"省城"拎出来？因为在大家的印象里，大城市的教学条件好、资源好。为此我今年暑假还专门"采访"了我的外甥。从我跟他聊天时得知，"双减"政策后他的作业同样很多，没有专业的书法教师，音乐、体育、美术课经常被占用。教师的公开课就是表演课等现象。虽然取消了校外文化课的培训机构，但是家长还是在给孩子疯狂地请老师补课。小孩几乎没有周末，晚上也是很晚才能睡觉。通过对省城小学阶段教育的了解，我发现以下几个问题。

1. 上有政策，下有对策。

2. 素质教育、传统文化教育不够。

3. 公开课变成了表演汇报课。（中国浦东干部学院郑金洲教授认为：课堂不是教师表演的场所，而是师生之间交往，互动的场所。）

4. 应试教育现象严重（省城和小县城一样，而且是从小学就开始应试），牺牲了孩子的睡眠、健康、快乐。

李镇西老师说："以牺牲孩子健康和快乐取得优异成绩的教育无论如何不能说是好的教育。"我想这里所说的好的教育首先是家庭教育，其次学校教育、社会教育。但是在普通家长的眼里什么是好的教育呢，就是哪个学校的学生成绩好就是教育好，哪个学校的升学率高就是好的学校，普通家长认为读书就是为了考上更好的学校，找到更好的工作，过上更好的生活。显然这些家长对教育的理解是非常狭隘甚至扭曲的。李镇西老师作为人民教育家，同时也是一位优秀的家长，他在《做最好的家长》一书中记录了怎样把自己的女儿培养得那么优秀。李镇西老师的女儿也觉得考试、背完全不懂的知识很"痛苦"。而李镇西老师把这些当作对一个人意志的考验，是对教育现状的无奈。

我作为一个小学三年级学生的家长，感到非常矛盾。上个学期期末考试儿子的成绩不是很好，我到底应不应该在意？我是不是应该对他说，没关系，成绩不能说明一个人的全部，考不上大学也没关系，你只要成为一个善良的人，有正确的世界观和人生观就可以了，或者把自己的兴趣爱好做好就可以了？（他爱好打篮球，没有其他爱好）在现在的教育环境下，我陷入了沉思。

作为一线教师和家长的双重身份，怎样权衡应试教育和素质教育，是我现在迫切需要解决的问题。

第一，教师要转变观念，教师的职责首先是育人，其次才是知识、成绩、考试。我想现在大多数的教师对于成绩至上的观念已经根深蒂固了，上课就是围绕知识点、考点来展开课堂。至于在课堂上怎样落实以培养人为首要出发点，很多教师没有认真想过。

第二，教师在学校也要树立榜样的作用，也就是为人师表。比如教师的谈吐、言行、仪容仪表，帮助需要帮助的老师和同学。做爱心的传递者，用爱心去感染学生。教育不仅仅体现在课堂上而是在校园的每个角落，甚至更广。作为家长，在家里也要起到榜样的作用，要求孩子能做到的自己首先做到。比如阅读习惯的培养，自己经常看书才会影响到孩子多看书。注重潜移默化，言传身教，来帮助孩子形成正确的价值取向。

第三，在课堂上要落实学科核心素养，注重中国优秀传统文化、革命文化、社会主义先进文化的渗透。以立德树人、核心素养为原则。在美术课上，赋予美育全新的内涵，以美育人，以美化人，以美培元。艺术课程围绕核心素养，让核心素养在课堂上落实。为国家培养有正确价值观、积极向上、有创新精神、有文化素养、有爱国情怀等优秀人才是国家赋予美育新的内涵的具体体现。美术老师上课时就要渗透"美"的事物给学生，让学生成为有健全人格的人。

第四，注重社会实践活动的教育，现在的学生很少有社会实践活动，甚至很少出校门，理由是安全问题。现在每天都有交通事故发生，难道不让车辆上路了？李镇西老师经常带学生爬山，有的学校甚至允许学生爬树。爱国主义教育，可以组织学生看《长津湖》这类战争题材的电影，参观军事博物馆，人民英雄纪念碑，去养老院做义工等。

第五，结合好学科核心素养和教学设计，上课形式多样化研究等。让学生爱上学习，化被动为主动，让好的学习成绩成为水到渠成的结果。比如在美术教学中，在美术联考中色彩科目色调这一必考知识点，如果教师在上课时只是一味地让学生临摹练习小色稿，而不知道其中的缘由。不能像莫奈一样观察不同时间段的卢昂大教堂，草垛的颜色变化、色调变化，就让学生做变调练习。违背了艺术来源于生活，没有渗透审美判断这一核心素养。没有培养学生的学习兴趣，学习、考试必然变得非常痛苦。这时让学生走进大自然，让学生切身观察体会大自然的色调变化，比如记录早上的云和夕阳下的云的色调变化，这样可能比教师讲更有效果。

好的教育不在嘴上，不在老师论文上，不在校长的演说中，更不在学校的招生广告里，而应该在师生的感受里；好的教育是着眼于人本身，而不是所谓的上级评价；随时想着孩子的教育就是好的教育，而不是随时想着领导的指示精神文件；好的教育是既有出色的分数，又有浪漫的生活；好的教育灵魂是人性，有人性的教育就是好的教育。只有当师生彼此生命相融，能够互相听到对方的心跳，能够真正感受对方的脉搏时，好的教育才能真正发生，好的教师才能真正诞生。